独立美容師「売上」「人材」「お金」で安定成長！

ゼロから開業して1億円を目指す美容室経営術

ベネフィット税理士法人
代表社員　税理士　田崎 裕史
税理士　伊澤 真由美

三和書籍

はじめに

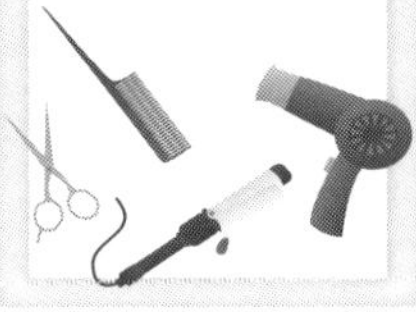

美容室オーナーが、最初に掲げるべき目標は、年商一億円です。

売上が三、〇〇〇万円あれば、生活はだいぶ安定します。しかし、オーナーは死ぬほど忙しい。

五、〇〇〇万円あれば、事業も個人収入も安定してきます。しかし、スタッフが一人やめたら、やり直し。

事業を本当の意味で安定化させるためには、一億円を目指さなければなりません。

この本では、開業から年商一億円を突破するまでの経営方法をあなたと一緒に考えていきます。

もちろん、この本を読めば、必ず年商一億円を突破するほど、現実は甘くはありません。成功のために絶対必要なもの。それはあなたの情熱、やる気です。ただ、この本は、熱意をもって努力するあなたを大いに助けることになると思っています。一億円を突破したとき、あなたの横にこの本があることを信じて。

美容室経営コーチ・税理士　田崎裕史・伊澤真由美

もくじ

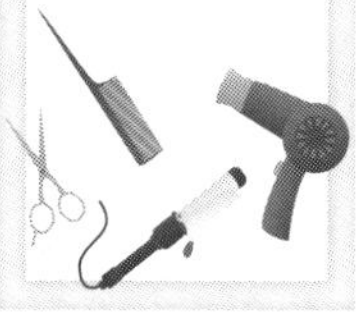

第2章 一店舗を軌道に乗せる!! ―集客編―

開業したら、脇目をふらず、突っ走れ！

第3章 多店舗展開で一億円突破への道
―経営戦略と人材教育編―
技術者から経営者へ、「集客」から「人材」へ

第４章　利益と税金は○○で変わる？――お金編――
絶対得する節税方法とは？

個人事業の青色申告～お得な制度を使おう……155

なぜ会社にすると得なのか

会社にした場合のデメリット

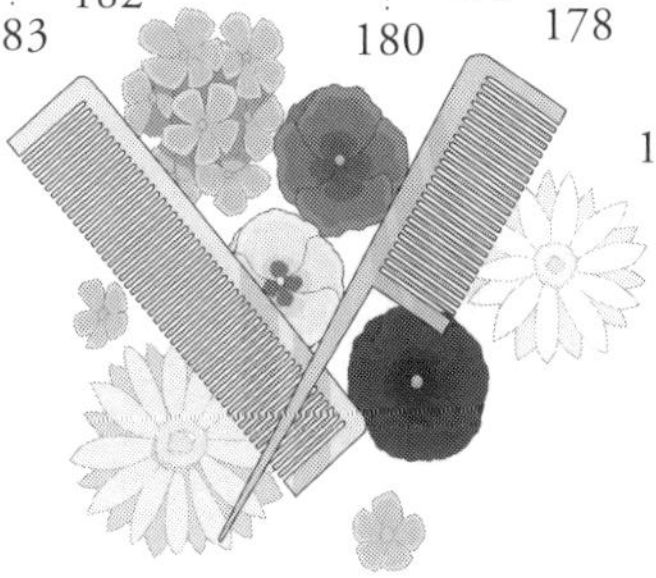

第0章

マインドセット

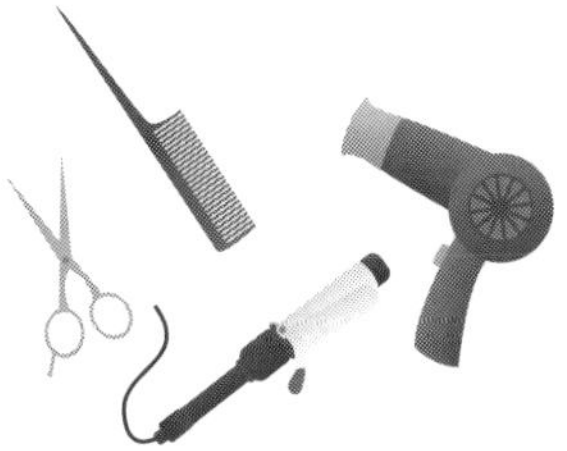

起業の心構えとは？

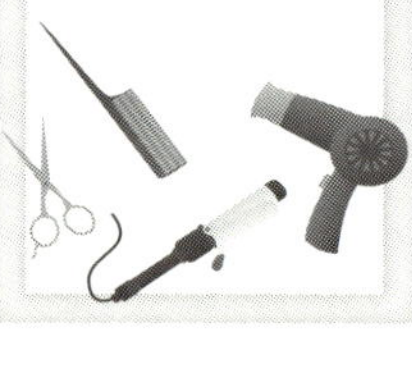

この本を読もうというあなたは、きっと、学ぼうという意識が高いのでしょう。

けれど、学ぶだけではダメなのです。やらなければダメなのです。

有名な「七つの習慣」では、「習慣」は三つの要素から構成されるといっています。その三つとは、知識（ツール）、スキル、やる気（マインド）です。つまり、ツールやスキルを手に入れたとしても、そこにやる気がなければ成し遂げることはできません。

マインドセットが大変重要になるのです。

必ずやる、やり遂げるという強い気持ちをもつことをまず心に誓ってください。

成功には法則がある

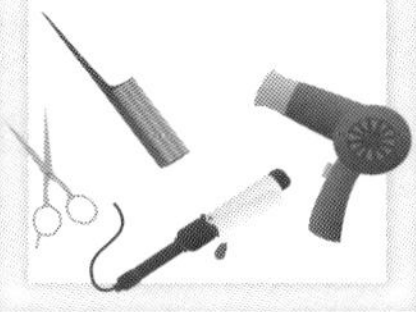

事業を成功させるための最大のカギは、何でしょうか?

それは、行動することです。

僕が以前、セミナーに出たとき、こんなことがありました。

そのセミナーは、三〇万円もする高額セミナーだったのですが、実際、僕からすると、「目からウロコ」のすごい話ばかりで、「こんなにノウハウ見せちゃっていいの?」という感じだったのです。

そこで、休み時間に講師に質問しました。

田崎「僕にとってはありがたいのですが、こんなに話しちゃって大丈夫なんでしょうか? ○○さんにとっては長年苦労して培ったものなんじゃないんですか?」

講師「大丈夫です。こんな高額なセミナーにくる人は、もともと意識が高い人ばかりですが、**そ**

んな人の中でも実行する人は、一〇分の一です。そして、やり続けられる人は、さらに一〇分の一。つまり、この会場で成果を残す人は、一人いるかいないか、その程度なんですよ。田崎さん、がんばってくださいね。」

日本ではどうかわかりませんが、アメリカでは富裕層は全体の一％といわれています。

そういう意味では、全体の一％という数値は、一致します……。

それは単なる偶然か、正しい推測なのかわかりませんが、ただ一つ間違いなくいえること、それは、**成果を残している社長さんは、間違いなく、やっているということです。**言い換えれば、やり続けられる一％の人は必ず成功するということです。

あなたはその一％ですか？

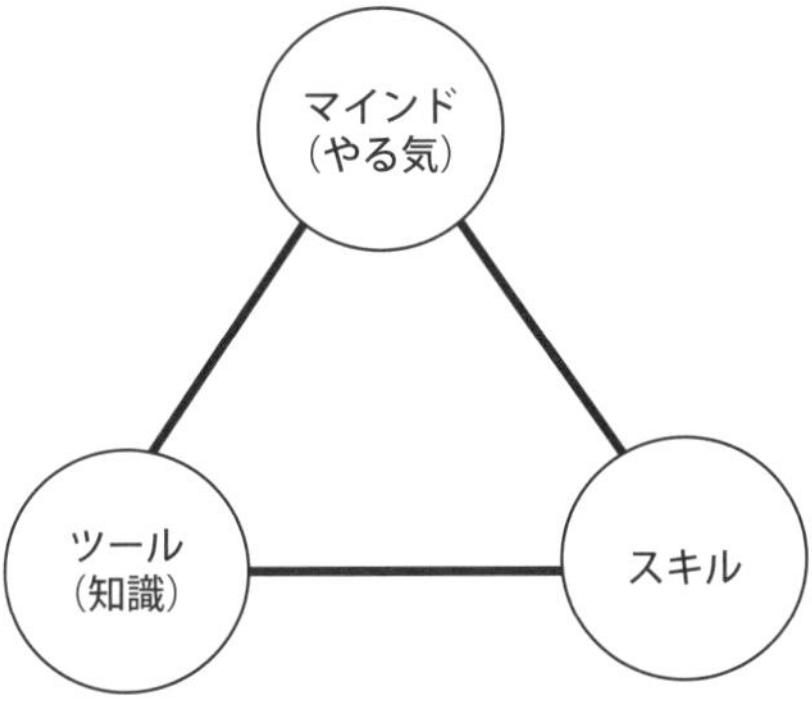

マインドセットとは？
習慣の３つの要素

幕末の志士、吉田松陰は、陽明学を行動の規範にしていました。その陽明学の考え方の一つに知行合一というものがあります。

知行合一とは、「知って行わないのは、未だ知らないことと同じである」との主張で、行動の大切さを伝えた考えです。維新の志士たちに大きな影響を与えました。

知行合一。

知識は、行動するためにあります。

ここで学んだ知識をあなたの強い意志で、ぜひ実践してみてください。

第1章

絶対成功する!! お店づくり

―開業準備編―

やり直しはききません。
開業前だからこそ、できることとは?

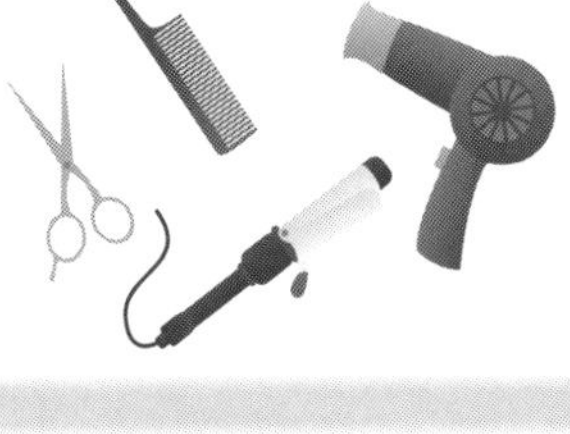

コンセプトづくり

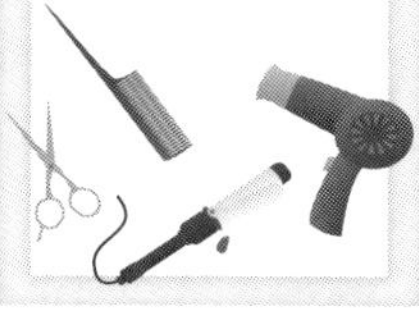

(1) まずはコンセプトづくりからスタートする

自分のお店をもちたいと思ったときに、まず最初に取り組んでいただきたいのが、コンセプトづくりです。ここでいうコンセプトとは、お店の雰囲気などではなく、**どう事業を展開していくか、**ということ。

自分のお店の目指すべき場所はどこか、経営をしていくうえで譲れないものは何かを考えてください。

ではなぜコンセプトが必要なのでしょうか。それは、コンセプトによって、具体的にどういうお店をつくりたいのか、が決まってくるからです。

おそらく、本気でコンセプトを考えるのはスタッフが増えてきて、事業として展開していく段階に

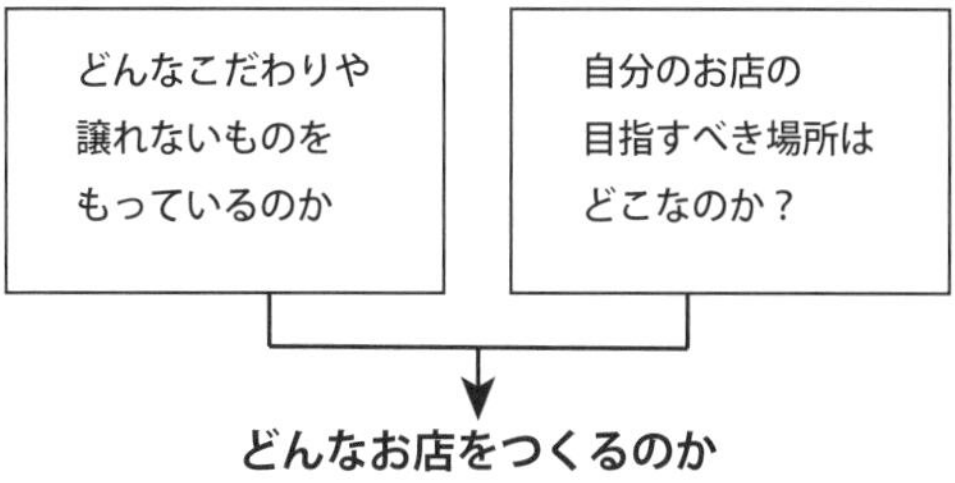

コンセプトのイメージ

なってからです。美容室でいうと、二店舗目を開業するあたりでしょう。ベクトルをそろえなければいけないので、目指すべき場所、方向性をスタッフに指し示す必要が出てきます。自分にそれがないと、方向性を指し示すことができません。

そのときにならないと、本当に自分がどうしたいのかは、よくわからないかもしれません。

けれど、事業としてどうしていきたいのかを最初の段階で少しでも明確にしておけば、後の展開がしやすいのです。

例えば、一〇店舗展開していきたいのに、最初のお店が郊外の小さい店ではおそらく難しいでしょう。それならば、集客のしやすいターミナル駅にしたほうがよいかもしれません。最初は小さいお店のほうが経営しやすいかもしれませんが、店舗展開を考えるなら少し大きめの店にして、スタッフを多めに入れられるほうがよいでしょう。

開業前の段階で考えるのは、最初は難しいかもしれませんが、そのあとの展開をしやすくするためにも、できるだけコンセプトははっきりさせておきたいものです。

実際にあった例として、こんなお店がありました。

一五坪でオープンしたけれど、二店舗分のスタッフを雇うことができず、店舗展開ができないのです。

また、一店舗目を郊外でオープンし、うまくいったのですが、二店舗目を出すときになかなか採用ができない、ということもありました。

こんな実例があるので、先々を考えた一号店の計画を考えなければならないと思うのです。

この本を読んだ方は、そこを強く意識して考えていただきたいと思います。

（2）誰をお客様にするのか

自分はどこへ向かうのかということを考えると、どういうお店をつくりたいのか、つくるべきなのかも見えてきます。

どんなお店にするのか、ということを具体的に考えて行く中で、必要になるのが**ペルソナ**です。ペ

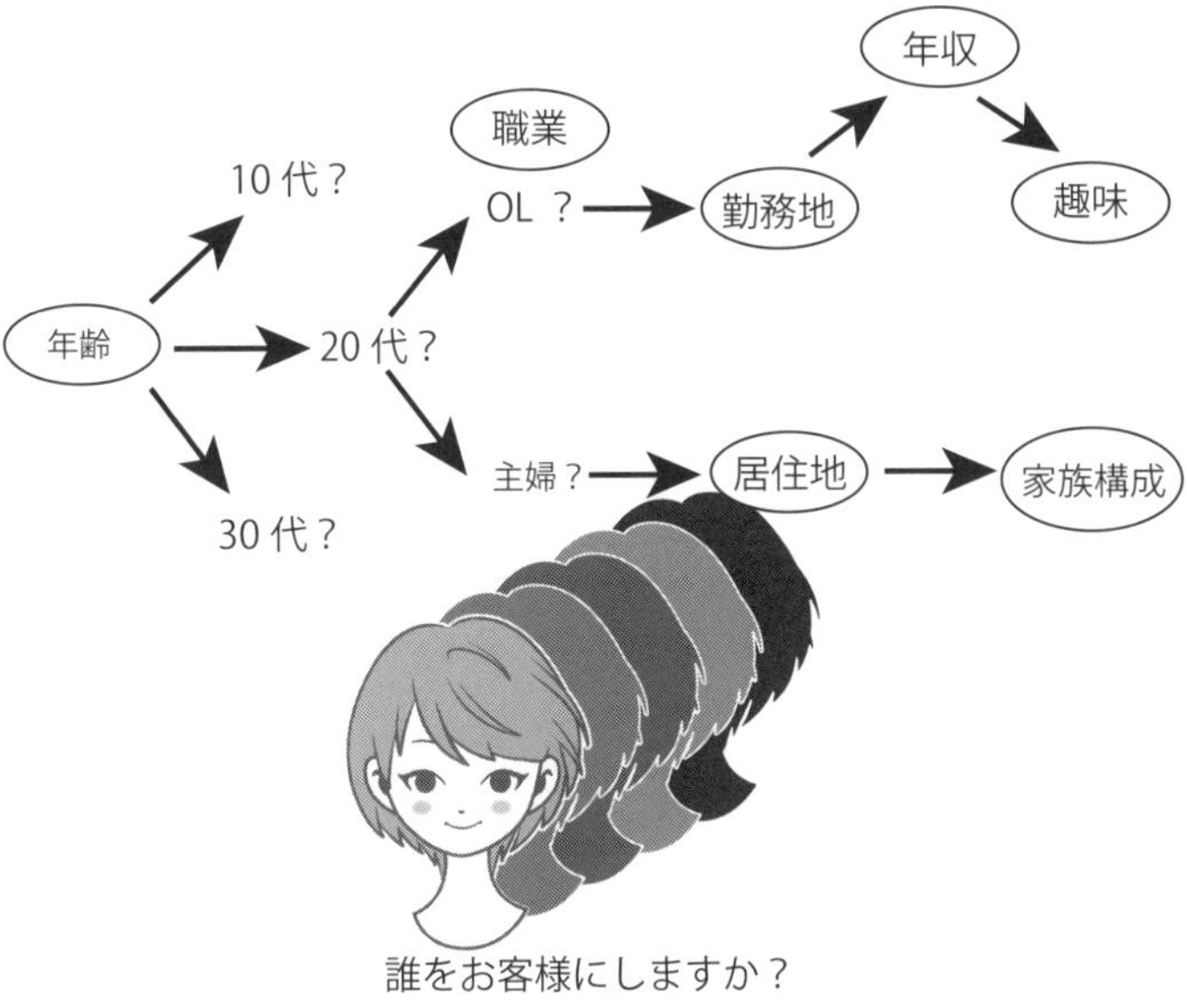

ペルソナのイメージ

ルソナとは**「誰をお客様にするのか」**ということです。

想定される象徴的な顧客像を、とにかく具体的に、ターゲット像として決めていきます。氏名、年齢、性別、居住地、職業、勤務先、年収、家族構成、趣味、価値観など、可能な限り具体的に落とし込んでいくのです。

　もちろん、ぴったりの実在人物がいればそれでもよいですし、いなければ仮想の人物でも構いません。そしてそのお客様にとって、行きたいと思うようなお店はどんなお店なのかを考えるわけです。

どうすれば、このお客様に満足していただけるか？

それを一つひとつ考えていけば、お店の雰囲気も、器材も、メニューも、**明確な目標に向かって、具体化**して行きます。

人は自分の都合だけで考えがちです。

お客様のメリットを考えているつもりが、いつの間にか自分の都合を押しつけてしまっていませんか？　そして、そんな自分勝手な考えを顧客志向に転換していませんか？

そのときに使えるのがペルソナです。

自分のつくりたいお店ではなく、お客様にきていただける、満足していただけるお店はどんなお店なのかを考えてください。

（3）どういう事業展開をしたいのか

あなたが独立してお店をもったら、どんなふうに事業展開をしていきたいですか？　一〜二人の店でじっくりのんびりやりたいのでしょうか。どんどん店舗を展開していきたいのでしょうか。それとも、ほどよく成長していきたいのでしょうか。

それによって、どこにお店を出すかが変わってきます。

夫婦ふたりでこじんまりとやるつもりのお店を、ターミナル駅のそばの路面店にする必要はありません。何を目指して、どんなお店にしていきたいのかを考えることで、お店をやりたい場所も決まってきます。

やりたい場所が決まったら、次は、そのエリアの相場観を養っていきます。物件の坪単価を調べたり、周りのライバル店を確認したりすることも必要です。

物件の選定

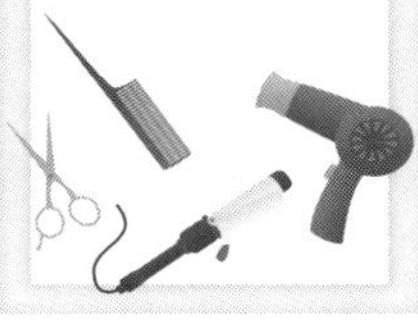

(1) 広さ

出店エリアが絞り込めてきたら、物件を探しましょう。

物件を探すときの一つめのポイントは広さです。大きすぎても駄目だし、逆に小さすぎても駄目。

家賃というのは「坪単価」で決まってきます。そのエリアでおよそ坪一万五、〇〇〇円ならば、一〇坪だったら一五万円、五〇坪だったたら、五倍の七五万円になるわけです。

当然、五〇坪あったらかなりの広さになります。

一昔前だと広いお店にセット面をいっぱいつくって、というのが流行しました。

でも今は家賃だけで、月六〇万円とか七〇万円払うというのは、よほど売上の見通しが立っていないと難しいものです。

セット面を一〇個つくっていても実際に使っているのは一個とか二個となってしまうと、当然効率も悪いですし、見た目としてもよくありません。

また、スタッフの働き甲斐も下がります。

では、狭ければいいかというと、あまり狭すぎても二号店を出すときに展開がしにくくなってしまいます。二号店を展開するときに一番重要なのは、「人」です。そのスタッフは、出店より先に一号店で採用しなければならないからです。

人を多めにとって、その人たちを分けて一号店と二号店に分離するということになるのですが、一号店が小さすぎると人が入りません。例えば、一〇坪しかなくてセット面が二つだとすると、そこに五人も六人も詰めこむことはできません。

事業の展開を考えているなら、最初からある程度の大きさはあったほうがいいということになります。

（2）場　所

次にお店の「場所」についてです。

「都心がいいか？　郊外がいいか？」と考えたときに、どちらを選ぶかは、「自分が将来も考えてどういうお店をつくりたいか？」というところによります。

事業として、どんどん大きくしていきたいということであれば、絶対に都心型の方がよいです。なぜかというと、トラフィック（交通（量）や通行（量）のこと。ここでは人の流れ、量をさす）が違うからです。

例えば郊外の住宅地ですと、自宅がそこにあって、仕事のために都心部まで通うという人が多くなります。そうすると、平日の昼間にそのあたりにいる人というのは、奥様方やお年寄りや子供。つまり、平日昼間にそれ以外のお客様にきていただくというのは難しくなります。**結局、そのエリアに住んでいる人だけしかお客様になりえない**というかたちになります。

一方、これが都心になってくると当然その近くに住んでいる人もいますし、会社もたくさんありま

物件選定のポイント

広さ	何坪必要か（セット面はいくつ？）
場所	郊外の住宅地か、都心部か？
アクセス	路面店か、空中階か、地下階か？

すから、郊外からそこに向かって通ってくる人もたくさんいることになります。さらに、土日に遊びにくる人もいます。ということで、トラフィックが何十倍、何百倍というかたちになるのです。

つまり、市場が非常に大きいため、チャンスも非常に大きいということになります。しかし、チャンスが大きい分、当然、競争も厳しくなってきます。

これらを踏まえたうえで、どちらをとるかということになると思います。

都心はお店の数も多いですし、浮気をする人も多いので、市場の中で高い位置を維持し続けるには、事業として、テンションを高く保たなければいけないということもあります。

多くのお客様にきてもらう都心型のお店づくりを目指していくのか、それとも一人のお客様にずっときてもらうという郊外型のお店をつくっていくのか。

どちらにするかは、考え方次第です。

もちろん、住宅地でもターゲッティング、ポジショニングの仕方で、やりようはいくらでもあります。ただ、一定のトラフィックは必要だと思います。

トラフィックという観点でいくと、郊外の方だと路面店の方が有利になってくると思うのですが、都心だと路面店がよいとは一概にはいえません。なぜかというと、都心の路面店だと家賃が高いからです。当然、徒歩で無理なく行ける場所という立地は重要ですが、**路面店でなくてもよいのです。いかに自分の店までお客様を引っ張ってこられるかがポイントになると思います。**

個別の物件の選定は自分自身でやることになると思いますが、重要なことは、お得な物件をいかに見つけるか、ということになるでしょう。

坪単価一万五、〇〇〇円でそれが安いのか高いのかというのは、当然、地域によって異なります。どこでやりたいかできるだけ早く決めて、ねらった場所の「相場観」を早くから養ってほしいと思います。

例えば池袋であるなら、東口のこの辺ならいくらぐらいが妥当だとか、そういった**相場観がついてくれば物件も探しやすくなります。**

ですので、可能であれば勤務時代からその近くの店で勤められればよいでしょうし、ちょっと遠いとしても、ネットで見たり、不動産屋と仲良くなったりして、本格的な物件選びに入る前に、その辺りの物件の相場をしっかり調べるべきです。

（3）家賃交渉

儲かっているお店のオーナーが必ずやっていることが二つあります。

その一つが**家賃交渉**です。

家賃というのは交渉があまりできないと思っている方が多いと思いますが、一回決まってしまうとずっとその額を払うことになるので、**最初が肝心**です。ですから、家賃交渉は絶対すべきです。

しかしこれも相場観をもっていないと、提示された家賃が安いのか高いのかわからないので、交渉ができません。

ですから、**相場観**をもった上で家賃交渉していく、ということになります。

物件を決めて、契約してしばらくしてから交渉して変更するというのも、可能といえば可能ですし、最近はそういう交渉代理業者などもいたりしますが、美容室の場合は、借りている方がどうしても不利になってしまいます。当然、貸している側からしてみても出ていかれるというのはリスクではありますが、内装などをいじってしまっている分、借りている方が不利なのです。

契約した後で交渉するというのはなかなか難しいので、契約前にきっちり交渉をしていかなければなりません。例えば、それで毎月の家賃の支払いが二〇万円になるのか、二五万円になるのかによって、毎月稼がなければならない売上が五万円変わってきます。これはけっこう大きいです。そして、不動産契約の際に支払う保証金や仲介手数料なども、一か月分の家賃をベースに決まることが多いので、家賃が下がれば、最初に支払う金額が減らせるということになります。

さらに、**更新のたびに更新料がかかる場合も、家賃の額で決まる場合が多い**ため、二年や三年に一度支払う金額が、最初の交渉で変わってくるのです。ですので、ぎりぎりまで交渉していただいたほうがよいと思います。

交渉するにあたっては、お店の賃貸契約の際に支払うものには、さまざまな形態があるということを知っておいたほうがよいでしょう。

開業時、最初の契約のときにかかるものとしては、「礼金」、「仲介手数料」、「保証金」などがあります。「礼金」は慣習で契約時に家賃の一か月分くらいを大家さんに払うことが多いです。「仲介手数料」は、大家さんとの間に入って、手続きなどを担当する、不動産屋さんに支払う手間賃です。「保証金」は「敷金」という名目のこともありますが、通常の賃貸借契約では、内容はほぼ同じです。「保証金」は契約の際に大家さんにいったん預けておいて、退去のときに返ってくるものです。**これは返ってくるお金なので経費にはなりません。けれどお店を出ていかない限り、戻ってきません。**

つまり、二〇〇万円とか三〇〇万円とか、物件によっては五〇〇万円の現金が、大家さんに預けたまま、ずっと寝てしまうかたちになるのです。預けたままで何も生み出しはしませんから、少なくおさえられるにこしたことはありません。

ほかに**開業後にかかるものとしては、「更新料」や「保証金償却」というものがあります。**「更新料」は、契約を更新する際に、家賃の一か月分程度を大家さんに支払うことが多く、不動産屋さんが更新事務をする場合は、不動産屋さんに支払う事務手数料なども必要になります。「保証金償却」というのは、これも契約の条件によりますが、保証金を解約時には何%か償却するという、条件になっている場合が多いです。これはどういうことかというと、仮に二〇%償却という条件であれば、**「三〇〇万円保証金を預けたとしても、物件を退去するときには、六〇万円償却さ**

れて、**二四〇万円しか戻らない」**ということです。

お店の移動というのは、あまり頻繁には考えられないですし、仮にあったとしても先のことでしょうから、そんなに重要な話ではないかもしれません。ただ、出費はないに越したことはありません。

こういった家賃そのもの以外の条件は、本当にケースバイケースになります。シンプルに保証金だけで、更新料もなし、保証金償却もなし、というようなケースもあれば、入居時に保証金以外に、礼金も払う場合や、契約更新ごとに更新料を払い、さらに保証金も償却されるというような契約もあったりします。借りる側からみれば、払う金額は少ないに越したことはないのですが、相手があることなので、全部を有利にもっていくというのは難しいかもしれません。

大切なのは、**「こういうさまざまな要素があるということをわかったうえで、交渉する」**ということだと思います。

当然、不動産業者の意見を聞くことにもなりますが、結局は相場を見て、どの程度が妥当なのかというのを**自分で判断**していかなければならないということになります。

注意点としてこんな物件もあります、という例をお話しします。あるお客様でこういうケースがありました。

①保証金の積み増しが賃貸借契約の更新の条件になっている

契約期間が二年や三年になっていて、契約を更新する場合には保証金を積み増ししなければならない。つまり、一か月の家賃が二〇万円だとして二か月分を積み増ししなさいというかたちになると、更新のたびに四〇万円を積み増ししなければならないことになります。**更新料なら経費になるので、まだよいのですが、保証金だと経費にはなりません。**

②保証金を際限なく償却されてしまう

通常の契約ならば、退去時に保証金の何%を償却します、というかたちが多いのです。しかし、この「保証金の償却を永遠に行う物件」がありました。これは一年ごとに、例えば五%償却しますという条件がついています。これでは**二〇年入居していると、最初に預けた保証金が全部なくなってしまいます。**すると、退去時に内装などを全部元通りにしなければならないというときに、追加でお金をとられることになります。

こういうことは、知らないと「そういうものか」と思って契約してしまいがちです。こういったところを知ったうえで、相場と照らし合わせて契約してほしいと思います。契約内容でよくわからない点は、不動産屋さんにも聞いて、よく確認しておきましょう。

（4）家賃以外の物件選びの隠れたポイント

物件選びの隠れた常識、知っているると得するというような情報をいくつかお話しします。

①借りる相手が法人オーナーの方が個人オーナーより交渉しやすい

個人オーナーはこだわりをもっていたりして、なかには**この値段以下では絶対に貸さない**とか、こういう業種には絶対に貸さないとか、そういう人もいます。

一方、法人のオーナーだと賃貸で営利を追求しなければなりません。特に法人所有の物件を管理会社の人間が管理していたりすると、交渉の相手はその会社の会社員だったりします。

こういう人はサラリーマンですから、物件を空けておくと、自分の成績にも関係します。ですので、わりと交渉に乗ってくれやすいということがあります。

②物件が多い地域だと比較しやすいので交渉もしやすい

物件の少ない地域というのは、借りたいという需要の方が、貸したいという供給より多くなってしまいます。借りる側からすると、当然、物件がないとお店がはじめられませんから、そこを逃すとほかにない、という心理状態になりやすく、交渉が不利になりがちです。

ところが、例えばターミナル駅などの物件が多い地域だと、もしそこがだめだったら他のところでよいというふうに交渉することもできますし、似たような物件がたくさんあるので比較もしやすくなります。

あの物件がこれくらいの値段だったら、この物件はもう少し安くなるんじゃないか、というような交渉時のネタにも使えます。

③空調をつける、つけない

これも**結局大家さんとの交渉**になってきます。

業務用の空調をつけるとなると、費用が一〇〇万円くらいかかったりします。それを自分の費用でつけるのか、それとも大家さんが出してくれるのかというのは大きな違いになります。そういったことも視野に入れて、交渉していくということが重要になります。

④こちらに実績があると有利になる

これは二号店以降の話になりますが、事業をやっていて好調に推移しているというのが相手にも見えると、交渉次第では、六か月くらいのフリーレント（一定期間、家賃無料で借りること）をつけてくれるなどもあり得ます。

これは向こうから言ってくれるケースもありますが、やはり交渉になります。

次は実際に物件をこれに申し込もう、となった場合のポイントです。

物件を申し込むときには、まず不動産業者に「申込書」というのを提出します。ここで注意してほしいのが**「申込書というのは契約書ではない」**ということです。むしろ、**「まず申し込みをしないとはじまらない」**という場合が多いのです。申し込みして終了というのではなく、むしろはじまりなのです。

申し込みを入れたから、もう安心と思ってはいけません。自分が申し込みをした後にほかにもっと高く借りたいという人が出てきて、「実は同タイミングで申し込みが入って」と不動産業者に言われ、ひっくり返されることだってあります。契約が成立するまでは、安心はできません。

（5）内　装

物件とほぼ同時に検討すべきものとして**「内装」**の話があります。

例えば、都心でビルの一〇階に入っているようなお店だと、内装工事だけやればよいことになります。もしスケルトンに近いような内装にすれば、ほとんどお金がかかりません。

儲かっているオーナーが必ずやっていることとして、家賃交渉ということをお話ししました。もう一つが**「外装費も含めて内装費用を極限まで安く押さえている」**ということです。

郊外店は、特に路面店の場合、内装だけでなく外装も工事をする必要が出てくるため、その点は不利になります。工事の金額がかなり大きなものになるからです。

内装や外装にかかるお金が五〇〇万円で済むのか、それとも三、〇〇〇万円かかるのかということは、その後のお店の経営に大きく影響してきます。**通常、お店を出す場合に必要な資金は、一部を金融機関から借りることになります。**

保証金などの店舗契約資金を抜きにして、内装費用だけを考えた場合、小さめのお店であまりお金をかけずに内装工事だけをやって、仮に三〇〇万円かかるとします。三〇〇万円を五年間で返済する場合、利息抜きで考えると、一か月の返済額は五万円で済みます。

一方、郊外の店舗で工事は内装と外装もやり、費用が三、〇〇〇万円かかったとします。同じく五年で返済する場合には、毎月の返済は一〇倍の五〇万円になります。

これはかなり大きな違いです。

儲かるオーナーの考え方は、「小さいお店だからお金をかけないということではなく、**後々この返済額が響いてくることがわかっているのでお金をかけない**」ということなのです。

同じ大きさのお店でも、内装費用を三〇〇万円におさえる場合も、一、〇〇〇万円かける場合もありえます。三〇〇万円を五年間で返済するならば月五万円で済みますが、一、〇〇〇万円だと約

物件の選定時に重要なこと

家賃交渉	一度決まるとなかなか変わらない 最初が肝心
内（外装）工事費用の見直し	費用をかけすぎて借入れが多くなると 後々の経営に響く

一六万六、〇〇〇円です。一か月あたりに稼がなければならない売上のボーダーが一一万円くらい上がってしまうことになります。客単価が一万円のお店だとしても、お客様を一一人増やす必要があるわけです。

逆に考えると、売上金額が同じお店であっても、**借入れの返済金額が少なければ、その分、スタッフをもう一人増やすことができるかもしれません。**ほかにも、余裕のある資金を広告に回すというようなこともしやすくなります。しかも、**借入金の返済は経費になりません。**利益をあげて、その利益の中から返していかなくてはならないのです。

たしかに、お店がなければ、売上をあげることができません。

でも、実際のお店の経営を考えた場合に、**「その内装費が売上にどれくらい貢献するか？」**というような考え方が非常に重要です。つまり**「内装にお金をかけるよりも、広告や人にお金をかけたほうが売上に貢献するので**

はないか？」ということです。

契約の際に保証金を減らしたり、内装費用を減らしたりして、借入金の返済額を減らすということが、その後の経営の中で、**精神的にも数字的にも非常に有利に働いてきます。**

これは、**お店がスタートした後ではできません。**

しかし多くの人は、スタートした後に気づきます。

お店がスタートした後に、ちょっと大きすぎるところを借りてしまったな、と気がついても美容室の場合は店をそうそう変えられません。

それだけに、きっちりと――。

・どこに、どんなお店をつくってどんなお客様を呼ぶのか？

・どれくらいの売上を上げられて、どれくらいの経費がかかって、どれくらい利益が出せるのか？

・そして返済にはいくら回せるか？

・広告費はどれくらいかけられるか？

ということを**きちんと細かく考えておかないと、後が大変になる**のです。

資金調達

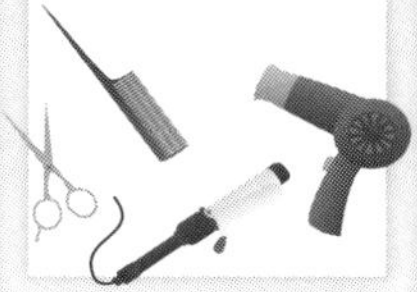

(1) 資金調達の方法

事業を行うにあたっては絶対にお金が必要です。では、その必要なお金をどう準備するのか？

それが「資金調達」という話になります。

資金調達の方法は大きく分けると**二つ**です。

自分で用意するか、**外部から調達する**か。**自分で用意するのが「自己資金」です。**そして、外から調達する方法が「融資（借入れ）」と「助成金」の二つです。

自分で用意したお金だけで開業できれば、外部からお金を調達する必要はありませんが、通常は自己資金＋外部のお金で資金を準備することになります。

（2）自己資金とは

給料などから、こつこつ貯めてきた自分のお金が、**自己資金**です。

通帳を見て残高が少しずつ増えているのを確認できるのが、一番確実です。

自分のお金だけで資金がまかなえれば、外部から借りてくる必要はありません。けれど、開業時には多額の資金が必要になりますから、通常は自己資金だけでは足りず、外部からも資金を調達する必要が出てきます。

外部から借入れをするときにも、自己資金がいくらあるかというのは重要です。あとで詳しくご説明しますが、**自己資金がゼロでは基本的に外部からの借入れはできません。**

とにかくまずはこつこつ貯めるというのが重要ですが、次の手段として**「親や兄弟からもらう、借りる」**というのが考えられます。

よくあるのは「親から借りる」パターンで、基本的に**いずれ返すというのが前提**となります。実質的には、出世払いというかたちで軌道に乗ってから返すというかたちになると思います。しかし「借りて返す」というかたちをとらず、**親から子供にあげてしまうと、そこに税金がかかる場合があるので、注意が必要です。あげてしまうと、「贈与」になってしまうからです。**

親族から融通してもらったお金については、もう一つポイントがあります。それは、**融資を受ける際に、自己資金として認めてもらえるかどうか**、ということです。これが、融資制度の種類によって、場合によっては窓口の担当の人によって認識が異なったりしますので、注意が必要です。

ですので、先に、こういうお金が自己資金として認められるかどうか、窓口の担当者にそれとなく聞いておいたほうがいいでしょう。

（3）自己資金はゼロでも大丈夫？

自己資金がゼロということとは、お店をオープンするための資金を、全額借入れでまかなうということになります。では、自己資金がゼロでも借入れができるのかという話になります。

結論からいうと、**自己資金がゼロだと借入れはできません。**

開業時に利用できる借入れの制度には、通常、自己資金の要件がついています。お店を経営した実績のない人の場合、ある程度自前のお金を用意していないと、借入れの申し込みができないのです。

日本政策金融公庫に、無担保無保証で利用できる「新創業融資制度」という制度があります。開業時の申し込みの場合、「自己資金が創業資金総額の一〇分の一以上必要」とされています。以前は「三分の一以上」だったのですが、最近要件が緩和されました。**ただしこれはあくまで「申し込みができる」ということであって、必ず借入れができる、ということではありません。**

また、地方自治体の「制度融資」についても、自治体による違いはありますが、**三分の一から二分の一くらいの自己資金があるというのが要件になっていることが多いです。**

そもそも自己資金が三分の一くらいないと、貸す側から見た場合に**「本当に事業をやる気があるのか？」**ということになってしまいます。たまたま思いついただけじゃないのか、と思われてしまうのです。**開業への本気度を示すためにも、ある程度の金額は必要になります。**

もし自己資金がほとんどないのに、仮に何らかの特殊要因が働いて、必要資金の全額を借入れできたとしても、その場合は、開業してからの返済額が相当大きくなってしまいます。仮にオープンまでこぎつけたとしても、その後のお店の運営が、大変厳しくなってしまいますから、現実的ではないといえるでしょう。

（4）自己資金はどれくらい必要？

自己資金がどれくらい必要か、というのは、借入れの制度が示すとおり、全体の**「三〇％から五〇％」が目安**です。

金額としては、「内装と保証金にいくらかかるか？」というのでまったく変わってきます。特に内装工事の費用です。もちろん、保証金という要素も金額としては大きいのですが、これはある程度、その地域の相場で決まってしまいます。ですので、変動する要素としては内装費用のほうが大きいと思います。内装にあまりこだわらない方で、小さなお店だと、開業資金が五〇〇万円くらいでもオープンできます。

例えば内装で三〇〇万円、保証金で一〇〇万円、最初の仲介手数料や材料代、その他器材は中古にして安くあげて全部で一〇〇万円、合計五〇〇万円。

これは安いパターンだと思います。

通常は一、〇〇〇万円から一、五〇〇万円ぐらいかかる場合が多いのです。

しっかり内装工事をする場合だと二、〇〇〇万円、三、〇〇〇万円かける方もいらっしゃいますから、

必要な資金は本当に内装次第です。

また「オープン当初からちゃんと売上がたつかどうか？」というのも重要です。元からお客様がいて売上が見込めるのであれば、運転資金というのは必要ないのですが、仮に最初のうちは**売上がたつ見込みがない場合、二か月から三か月分くらいの生活費は貯めておかなければなりません。**

「自己資金がいくら必要か？」ということに話を戻すと、例えば**「総額で一、五〇〇万円かかるとしたら、五〇〇万円は自己資金としてもっているのが目安」**ということになります（申し込み要件の自己資金が三分の一必要な場合、五〇〇万円もっていたら、一、五〇〇万円を借りられるわけではなく、借りられるのは一、〇〇〇万円です）。

（5）借入れ（融資）とは

自己資金だけでは足りない場合、外部から資金を調達することになりますが、その方法の一つが借入れ（融資）です。どこから借りるかというと、金融機関です。民間の銀行や信用金庫がこれにあたります。美容室の場合、日本政策金融公庫も利用がしやすいです。それぞれの違いを確認しておきましょう。

①公庫と制度融資

美容室以外でも利用できるのですが、美容室を開業する方がよく利用する借入れとして、「日本政策金融公庫（公庫）からの融資」と「地方自治体の制度融資（制度融資）」という二つがあります。

(i)日本政策金融公庫とは

平成二十年十月一日に国民生活金融公庫（通称「国金」）など四つの政策公庫が合併してできた政府系の金融機関です。民間の銀行などの役割を補完するのが目的なので、お金を貸すことを主な仕事としていて、**預金口座をつくることはできません。**特に新たに開業する方や中小企業の支援に力を入れています。**この「公庫」は美容室に対して積極的に融資してくれます。**

なぜかというと、「国金」も、もともといくつかの政府系の金融機関が合併してできたのですが、その中に「環境衛生金融公庫」というのがありました。そこは、美容業など環境衛生関係業者への融資に特化していた公庫でした。そこが平成十一年に他の公庫と合併して「国金」になり、さらにその「国金」が「公庫」になったという歴史があるため、美容業に対して積極的に融資をしてくれているのです。

では公庫でお金を借りる場合、どこに相談すればよいのでしょうか。

公庫にもたくさん窓口があるのですが、**「個人事業主」**の方は**「創業の予定地を管轄している支店」**、

「法人」の方は**「登記上の本店所在地を管轄している支店」**ということになっています。

なお、借りるときの手続き自体は、公庫の支店に行くことになるのですが、返済は一般の金融機関の口座から行います。公庫では預金口座はつくれませんので、自分でどの銀行のどの支店の口座から返済するかを、選ぶことができるのです。**借入れを申し込んでから、借りられるかどうかの答えが出て、お金が入金されるまでの期間は、だいたい一か月くらいはかかります。**オープンまでのスケジュールを考え、余裕をもって申し込んだ方がよいでしょう。

(ii)**制度融資**とは

もう一つの制度として、**「地方自治体の融資制度」**というのがあります。

これは「信用保証協会の保証がついて、都道府県や市区町村がバックアップしてくれる」という制度です。地方自治体が手助けをしてくれますが、実際にお金を貸してくれるのは、金融機関です。

地方自治体は金融機関に一定の資金を預託して、新規開業者の融資の条件を有利にするようにします。また利子補給などを行い、新規開業者の利子の負担を軽減します。信用保証協会の保証料を補助してくれる場合もあります。

信用保証協会は借入れの保証をします。金融機関から借入れをしたい中小零細企業の信用力の不足を、信用保証制度を利用することでカバーするのです。具体的には、借入れをする人が、信用保証協会に信用保証料を支払い、借入れの保証をしてもらいます。万が一、借りた人が借入金を返済することができなくなった場合には、信用保証協会が借入れをした人に代わって、金融機関へ返済をします。借りた人は、返済を免除されるわけではなく、信用保証協会に返済する必要がありますが、金融機関としては、貸したお金を返してもらえないリスクが下がるため、中小企業にもお金を貸せるということになります。

基本的には、都道府県か市町村の片方の制度しか使うことはできません。

直接地方自治体が貸してくれるわけではなく、窓口そのものは、一般の金融機関です。制度の内容や提出書類は自治体によって異なります。

(iii)公庫と制度融資の比較

開業のときには、通常「公庫」か「制度融資」の二つのうち、どちらかを選んで申し込みをすることになります。制度融資は自治体にもよりますが、審査がとても厳しかったりして、なかなか面倒なところが多く、それと比較すると**美容業に関しては公庫の方が借りやすいはずです。**

公庫は前身である、国民生活金融公庫の頃から、理美容業の支援を行っていた流れで、現在でも利用しやすい環境にあります。新規開業の際には、過去の実績がない状態で借入れを申し込まなければなりませんが、担保なし、保証人なしの制度を利用することが可能です。

（6）設備資金と運転資金

借入れには種類があって、「設備資金」と「運転資金」の**二つ**に分けられます。これは、何に使うために借りるのか、つまり目的による分類です。

「設備資金」というのは、文字通り**「事業を行うための設備にかかる資金」**です。お店を借りるために大家さんに払わなければならない保証金や、内装や美容機器などの**資産を購入するときに必要になるお金**が設備資金です。

もう一つの**「運転資金」**というのは、**「入出金のタイミングの差によるお金の不足を埋めるため資金」**です。

美容室ではこういうケースは少ないと思いますが、わかりやすいのは卸売業のような場合です。売上代金の回収は三か月後だけれど、仕入代金の支払いは一か月後にしなければならないという場合。こういう商売では、お金が入ってくる前に、お金が出ていくことになってしまうのです。ですので、

設備資金と運転資金

	設備資金	運転資金
使いみち	・内外装工事 ・美容機器 ・電気、ガスなど　の設備 ・パソコンなどの備品 ・店舗の保証金	・オープン時の材料費 ・契約時に払う前家賃 ・広告費 ・求人費用

その一時的に足りない部分を借入れで埋めましょう、というのが運転資金です。これは、目的に応じて借入れをすることになります。

美容室は最初に店を構える必要があるので、まず不動産を借りるのに多額の保証金を入れて、次に内装工事をして、美容機器を入れてということになります。**設備がなければ、事業自体ができないので、お金が必要な理由がはっきりしています。**つまり、金融機関からしてみても、貸す理由が明確で、また、設備として目に見えるかたちで何がどのくらいかかったがわかるので貸しやすい、ということになります。

ですので、**美容室はスタートするときは通常「設備資金」を借りる**ということになります。

設備資金を借りるためには、**金融機関からすると、実際に何に使うのか重要**なので、契約書や見積書など、提出物が多くなります。お金を借りた後に、本当にそのお金を目的通りに使ったのかを領収書などで確認されたり、見積書などで内装の内容や金額を銀行が確認し、直接その金額だけを内装業者に直接支払うというケースもあります。

「運転資金」は卸売業や建設業のように、支払と入金のタイミングがずれる場合に、必要になる資金です。この理屈でいくと、**美容室というのは原則、運転資金は必要ない**ということになります。

なぜなら、基本は**現金商売**なので入金の方が早く、材料などの支払は、だいたい一か月後なので後払い。**常にキャッシュは足りている状態です。**ですので、**美容室の場合は、**

通常では運転資金というのは借りにくい、ということになります。

ただし、まったく無理なわけではなくて、何らかの理由がつけば、運転資金として借りることも可能です。

例えば、「オリジナル製品をつくるために研究開発費として先にお金がかかります」という場合や、「特殊な材料のため一ロット五〇〇万円で仕入れなければならず、その五〇〇万円が先にかかります」という場合などです。

開業時であれば、オープン前の内装工事期間にかかる店舗の家賃や、オープンに合わせて準備が必要な広告宣伝費などは、売上が入ってくる前にお金が出て行くことになりますから、運転資金としての借入れが可能です。

（7）金融機関とのつきあい方

借入れの方法としては、自治体の制度融資を使わずに**「金融機関に直接借りる」**という方法もあります。

では金融機関から借りるときに、どこに申し込みに行ったらいいかという話になりますが、最初は**「身の丈にあったところから借りる」**ことになるでしょう。

例えば、都市銀行と地元の信用金庫、どちらが借りやすいかというと、**最初は信用金庫の方が借りやすい**のです。なぜかというと、信用金庫は個人商店や小規模事業者を商売の相手にしていますので、美容室のような個人事業者というのはターゲットになるわけです。ですが、大企業をターゲットにしている都市銀行からすると、個人事業でスタートするようなお店では、小さすぎて相手にならないのです。ですから、**最初は信用金庫から借りた方がよい**ということになります。

しかし、事業が大きくなってきて、店舗の数が二店舗三店舗になってくると、都市銀行から借りたほうが有利になってきます。なぜなら、**信用金庫は融資金額の上限が都市銀行に比べて低く、金利が**

各金融機関の特長、長所・短所

	民間の金融機関			政府系金融機関
	都市銀行	地方銀行	信用金庫	日本政策金融公庫
顧客層	大企業	中（小）規模事業者	（中）小規模事業者	小規模事業者
融資上限	高 ←→ 低			小口～中程度
金利	低 ←→ 高			低（固定金利）
長所	支店数、立地、提携ATMの数、ネットバンキングなど利便性が高い	地域密着型	地域密着型	無担保、無保証の制度あり 営業許可前に借入れができる
短所	小規模事業者は利用が難しい		大口融資に対応できない 金利は高め	特になし

高いからです。

金利が高いのは、日銀からの調達金利が都市銀行より高いため。都市銀行の方が安く調達できるため、その分安く貸すことができるのです。

ですので、いずれはどんどん店舗を増やしていこうという計画があるなら、いざ借りるときになって口座を開くというよりは、ずっと使っていたという実績があったほうがよいので、早い段階から都市銀行や地方銀行にも口座をつくっておいて、徐々にそちらに移行するという方がよいと思います。

また、日本政策金融公庫でお金を借りたとしても公庫に口座をつくるわけではありません。公庫には指定の銀行の口座から返済することになります。返済はどこからでも可能なので、**公庫で借りて、返済用の口座は都市銀行にするというのも可能です。**そうすると都市銀行の口座から返済の実績ができるので、きちんと返済をしているという実績を都市銀行に見せることができます。

将来つき合いたい金融機関を窓口にして公庫で借りるという方法がおすすめです。

また借入れというのは、二回目以降というのは、一回目よりも借りやすくなります。なぜなら返済実績もできますし、開業後であれば、当然決算書ができてくるからです。しかも、同じ銀行からだと借りやすいのです。ですので、**将来のことも考えて、どこの金融機関と付き合うかというのを開業前に考えておくことをおすすめします。**

なお、一般の銀行に借入れを申し込む場合には、「信用保証協会の保証つき」と「プロパー」という二つのパターンがあります。信用保証協会の保証つきというのは、制度融資でも利用する、信用保証協会に保証料を払って保証してもらうという仕組みです。一方、プロパーというのは、「無担保無保証でその支店のリスクで貸してくれる」というものです。開業していきなりすぐにプロパーで借りるというのは難しいです。事業としての実績や返済の実績をつくって、銀行が認めてくれてからでないと借りられません。ですので、しばらくは、銀行で借りる場合には、信用保証協会の保証付きというのが前提だと思ってもらった方がよいでしょう。実績をつくって、いつかはプロパーで借りられるようになるのを目指してください。

（8）借入れの三つのポイント

融資を受ける場合のポイントは、開業時であっても開業後であっても変わりません。金融機関から見た場合、**融資を実行するかどうかのポイントは、「資金使途」、「財源」、「保全」の三点**だといわれています。

・「資金使途」＝「何に使うか？」
・「財源」＝「どのように返済していくか？」
・「保全」＝「万が一の場合、どのように回収するか？」

つまり、金融機関からお金を借りるためには、この**三つの要素**をつぶしていけばよいわけです。

まず、**「資金使途」**ですが、美容室の場合だと、設備資金で借りる場合がほとんどで、何に使うかがはっきりしています。これは簡単にクリアできると思います。

すると、問題はそれ以外の二つになります。

三番目の**「保全」**を先に見ていきましょう。

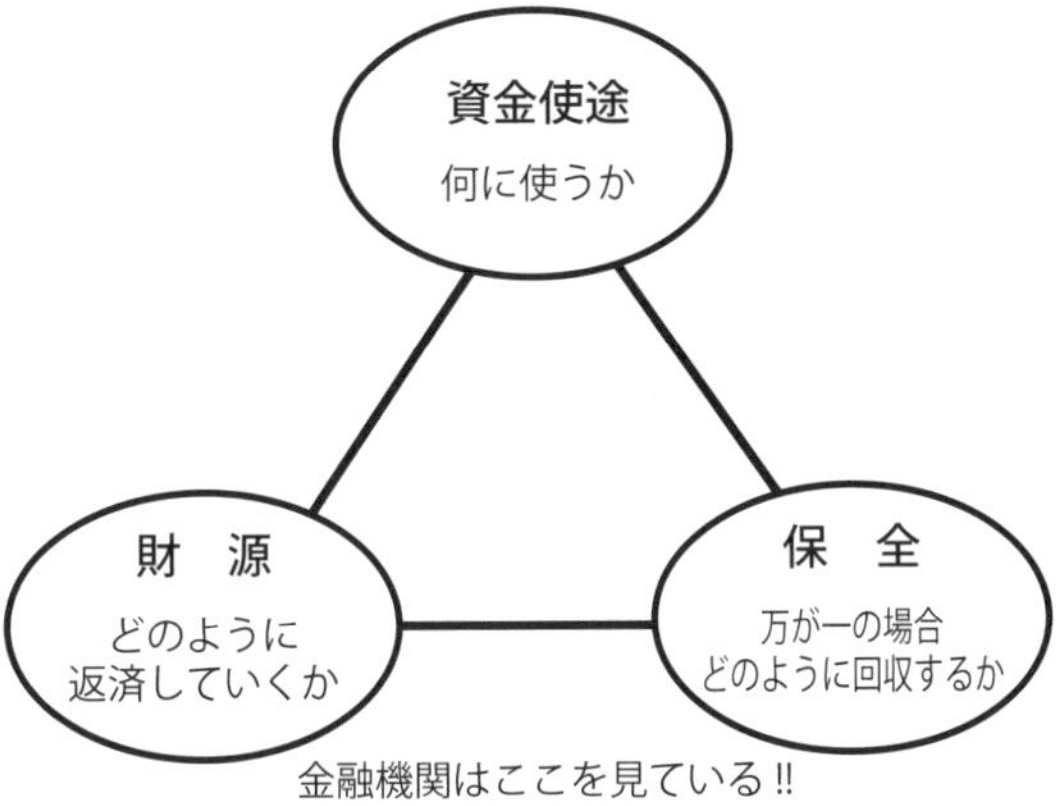

借入れの3つのポイント

通常、金融機関から借入れをする場合、「保証」や「担保」が必要となります。「無担保・無保証」で借入れができる制度は日本政策金融公庫にはあるのですが、銀行などでは、最初は「無担保・無保証」で借りるのはほぼ無理です。では、担保を提供するのかといっても、不動産などをもっていないとできませんので、通常は保証を付けることになります。身内の人などに保証してもらうか、信用保証協会の保証を利用することになります。身内の人の場合は、連帯保証人になってもらいます。保証協会の場合は、各都道府県にある信用保証協会に保証料を払って、保証してもらうということになります。連帯保証人が見つからなくても、保証協会の保証制度を利用できれば、この問題もクリアできます。

最も重要なポイントは「財源」です。

「どのように返済するか?」ということがポイントになるわけですが、この**「どのように返済するか?」を明らかにするためにつくるのが「事業計画書」です。**

うちの店は、今後売上がこういうふうに伸びていくので、経費を差し引いて毎月これくらいの返済額だったら返せます、ということを金融機関に対してきちんと説明する必要があるのです。

これが開業後で決算が終わっていれば、決算書をベースに実績を見てもらい、借入れの申し込みができるようになります。しかし開業当初というのは、決算書、つまり実績はありませんので、そのかわりに事業計画書をつくって説明する必要が出てきます。そのため、融資を受ける際には**「事業計画のつくり込み」**が重要です。

平均客単価がいくらで、最初は一日に何人くらい来店が見込めて、こういうふうにお客様を増やしていくので、売上がこんなふうに増えていきます、ということをまとめあげ、金融機関に示すことになります。

売上から経費を差し引いたものが利益となり、その利益の中から借入れを返済していくということになりますから、仮に一年経っても二年経ってもずっと利益が毎月一〇万円しか出なくて、毎月の返済額が一五万円だとすると、返すためのお金は足りないということになってしまいます。それでは金融機関としては、貸したものを返してもらえないということになってしまいますから、そのような計画を出されたお店には、お金は貸せないわけです。最初のうちは利益より返済額が多かったとしても、どこかで逆転してちゃんと返していけますというのを示さなければなりません。

これが事業計画です。

お店をどのように成長させて、借りたお金を無理なくきちんと返せます、という計画を、しっかり練り込んでいきましょう。

ところで、事業計画書も重要ですが、最終的には金融機関は**経営者の資質**を見ています。ですので**「あなたの経営者としてのやる気を見せる」**ということが本当に重要になります。融資の申し込みの場というのは、「絶対にこういうふうに売上を上げて返していくのでぜひお金を貸してください」という**プレゼンテーションの場**です。同じ事業計画書を説明するにしても熱意をもって、絶対に事業を成長させ、**成功するという意気込み**で行ってください。

（9）助成金と補助金

外部からの資金調達の方法としては、借入れのほかに**助成金**や**補助金**があります。どちらもお金の出所は国や地方公共団体です。助成金は資格要件を満たせばだいたい受給できます。補助金は資格要

資金調達方法一覧

	自分で用意する	外部から調達する	
方法	自己資金	融資（借入れ）	助成金・補助金
どこから	自分自身	金融機関	国・地方公共団体
どうやって	こつこつ貯める	申し込み→審査	申請・応募→審査

件を満たしても、受給できる数に限りがあるので、必ずもらえるわけではありません。

借入れと違う点は二つあります。一つは基本的にお金を支払った後にしか受け取れないということ。もう一つは、返す必要がないということです。

後払いでしか受け取れないということは、開業時には別の方法で資金を用意し、いったん支払う必要があるということです。助成金によっては、受け取れるのは一年先だったりしますから、開業前後にあてになる資金ではありません。逆に、借入れは開業前後でお金を受け取って、返済は売上があがるようになってから行います。

また、返す必要がない資金は魅力的ですが、それだけに、もらうためにはそれなりの手間がかかります。そして、もらうことで儲かることになりますから、儲かった部分には税金がかかります。

助成金や補助金は、資金調達の補助的なものとして考えておいたほうがよいでしょう。

また、助成金や補助金の制度は毎年のように内容が変わります。以前はあった制度がなくなってしまうこともあります。利用にあたっては、**使える制度を事前によく調べる**必要があります。美容室の開業時に利用しやすい助成金は、スタッフを雇うことや育成に関するものです。申請のために必要な書類作成をサポートしてほしい場合は、専門家である社会保険労務士に相談するのも手です。

事業計画のつくり方

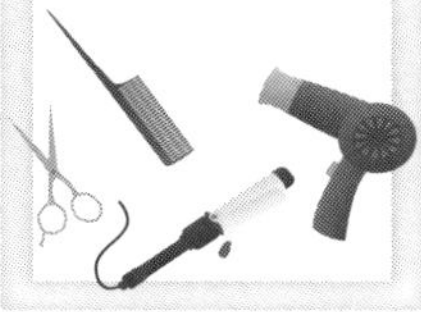

(1) 事業計画とは

事業計画というのは、あなたがお店をどんなふうに、どうやって経営し、成長させていくのか、という**ロードマップ**です。事業計画をつくるというと、難しいことのように聞こえるかもしれません。けれどそれは、**自分のお店のイメージを具体化していく作業なのです。**開業するときの事業計画では、次の事柄を考えて行ってください。

①いつ

いつ頃開業するのが目標ですか？

時期が決まっているなら逆算でスケジュールを考え、準備をしていかなければなりません。時期が決まっていないなら、なににどれくらい準備期間が必要か把握して、動き出せるように準備をしておく必要があります。

②どこで

出店エリアはどこにしますか？

勤務地の近くか、住まいの近くか、はたまた地元に戻るのか……。土地鑑がないところなら事前に調査、研究も必要ですから、その分準備に時間がかかります。

③誰が

自分自身と自分以外に誰が一緒にお店をやるか、考えていますか？

もしスタッフを新規に採用するならば、どこでどうやって採用するのか、媒体や予算の検討も必要になります。

④どのくらい

創　業　計　画　書

〔平成　　年　　月　　日作成〕

☆　この書類は、ご面談にかかる時間を短縮するために利用させていただきます。
　　なお、本書類はお返しできませんので、あらかじめご了承ください。
☆　お手数ですが、可能な範囲でご記入いただき、借入申込書に添えてご提出ください。
☆　この書類に代えて、お客さまご自身が作成された計画書をご提出いただいても結構です。

お名前

1　創業の動機（創業されるのは、どのような目的、動機からですか。）

	公庫処理欄

2　経営者の略歴等

	年　月	内　容	公庫処理欄
経営者の略歴			
	過去の事業経験	□事業を経営していたことはない。 □事業を経営していたことがあり、現在もその事業を続けている。 □事業を経営していたことがあるが、既にその事業をやめている。 （⇒やめた時期：　　年　　月）	
	取得資格	□特になし　□有（　　　　）	
	知的財産権等	□特になし　□有（　　（□申請中　□登録済））	

3　取扱商品・サービス

		公庫処理欄
取扱商品サービスの内容	①　　（売上シェア　　%） ②　　（売上シェア　　%） ③　　（売上シェア　　%）	
セールスポイント		

4　取引先・取引関係等

	フリガナ 取引先名 （所在地等）	シェア	掛取引の割合	回収・支払の条件	公庫処理欄
販売先	（　）	%	%	日〆　日回収	
	（　）	%	%	日〆　日回収	
	ほか　社	%	%	日〆　日回収	
仕入先	（　）	%	%	日〆　日支払	
	（　）	%	%	日〆　日支払	
	ほか　社	%	%	日〆　日支払	
外注先	（　）	%	%	日〆　日支払	
	ほか　社	%	%	日〆　日支払	
人件費の支払	日〆　日支払（ボーナスの支給月　月、　月）				

5　従業員

常勤役員の人数（法人の方のみ）	人	従業員数（うち家族）	人（　人）	パート・アルバイト	人

6　お借入の状況（法人の場合、代表者の方のお借入れ（事業資金を除きます。））

お借入先名	お使いみち	お借入残高	年間返済額
	□住宅 □車 □教育 □カード □その他	万円	万円
	□住宅 □車 □教育 □カード □その他	万円	万円
	□住宅 □車 □教育 □カード □その他	万円	万円

7　必要な資金と調達方法

	必要な資金	金　額	調達の方法	金　額
設備資金	店舗、工場、機械、備品、車両など （内訳）	万円	自己資金	万円
			親、兄弟、知人、友人等からの借入 （内訳・返済方法）	万円
			日本政策金融公庫　国民生活事業からの借入	万円
			他の金融機関等からの借入 （内訳・返済方法）	万円
運転資金	商品仕入、経費支払資金など （内訳）	万円		
	合　計	万円	合　計	万円

8　事業の見通し（月平均）

		創業当初	軌道に乗った後（　年　月頃）	売上高、売上原価（仕入高）、経費を計算された根拠をご記入ください。
売上高①		万円	万円	
売上原価②（仕入高）		万円	万円	
経費	人件費（注）	万円	万円	
	家賃	万円	万円	
	支払利息	万円	万円	
	その他	万円	万円	
	合計③	万円	万円	
利益 ①－②－③		万円	万円	（注）個人営業の場合、事業主分は含めません。

ほかに参考となる資料がございましたら、計画書に添えてご提出ください。

（日本政策金融公庫　国民生活事業）

事業計画のイメージ（日本政策金融公庫 HP より）

お店の広さは何坪くらいでしょうか？セット面、シャンプー台はいくつにしますか？

サイズで予算（必要な資金）が決まりますし、さらに、売上の上限も決まります。サイズでお店のコンセプトも変わります。二店舗目以降を考えているなら、出店計画（方針）にもかかわってくる問題です。

⑤いくら

出店のためにはいくらお金が必要でしょうか？

⑥なぜ

あなたが独立する理由はなんでしょうか。最初にお店のコンセプトを決めるためにも明確にしておいたほうがよいでしょう。

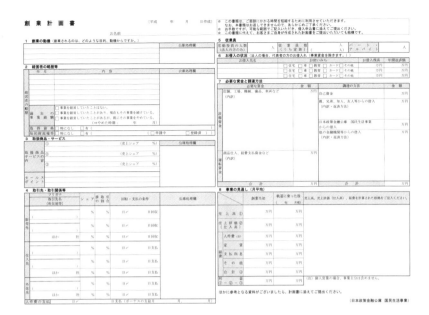

（2）事業計画をつくる目的

事業計画をつくる目的は、大きく分けて**二つ**あります。

一つめは、**借入れをするため**です。新規開業の場合は、借入れの申し込みの際に事業計画書の提出が必要となるため、作成をしなければなりません。

もう一つの目的は、事業計画をつくることで、事業を軌道にのせ、**成功させるため**です。何のために、どんなふうにお店をやるのか。自分自身で明確にしておくことが、開業後に役立ってきます。

（3）事業計画の作成のポイント

事業計画作成のときにポイントになるのが、**開業時に必要な資金の見積もり**と、**収支計画**、そして**お店のコンセプト**です。どのように考えていけばよいか、一つずつ確認して行きましょう。

開業時に必要な資金は、お店をどこに出すか、誰と、どのくらいの規模のお店を出すかによって決まります。物件が決まると、お店の家賃と店舗契約時の予算（物件取得費）が決まります。内装外装、設備に資金がどれくらい必要かも決まります。開業当初の仕入れや広告、人材採用にはどれくらいの資金が必要かも検討が必要です。

次ページの表を見ながら、それぞれいくら必要なのかをあげていって、総額でいくらかかるのかを集計してください。合計金額が、お店を開店させるために必要になる資金の額です。この資金のうち、自己資金で足りない部分は、外部から借りることになります。

次にお店の**収支計画を月単位で考えます。**

売上高は客数×客単価で考えればよいですし、原価となる材料代は売上の一〇％前後を見積もっておきましょう。

その他の経費としては、人件費、家賃、広告費、水道光熱費、消耗品や借入れの利息の支払などが考えられます。

個人事業の場合、売上から材料代と諸経費を差し引いた金額から、自分の生活費や税金の支払、借入れの返済を行うことになりますから、ここがプラスの数値にならないと、借入れの返済ができない、ということになります。月々いくらまでなら借入れを返していけるのか、この差し引きの金額で判断することになります。

この一か月単位の収支計画を、開業直後、数か月後に軌道に乗った後、人を増やした後、二年目三年目と引き延ばして行くと、それが事業計画になります。例えば売上が増えたらスタッフを増やしていこうという予定があるのならば、どこかの時点で求人費用がかかり、採用できれば人件費が増えて、

開業時に必要なもの

項目	備考
店舗の保証金（敷金）	家賃６～10か月分
礼金	家賃１か月分
仲介手数料	〃
保証委託料	〃
前家賃	〃
内装（外装）工事費用	坪単価×坪数
美容機器の購入費用	セット面、シャンプー台など
その他設備の購入費用	パソコンなど
オープン時の材料購入費用	
広告費	サイトや紙媒体の作成
人材採用費用	

順調にいけばその後さらに売上が増えていきます。

そしてそもそも、事業計画をつくるためには、**お店のコンセプト**が必要です。どんなお店をつくっていくのかで、必要な資金も、収支計画も、すべてが決まってくることになります。**事業計画をつくることは、コンセプトを数値に落とし込む作業**です。

数字の変化をどんなふうに考えればよいのかなど、書類にまとめるための作業については、税理士などに相談することでアドバイスを受けることができるでしょう。ただ、自分の事業のことは誰よりもご本人が一番知っているはずです。事業計画書を全部専門家につくってもらうのではなく、**アドバ**

イスを聞いて、自分自身でつくるというのがよいと思います。

なにより、開業の際の借入れで、事業計画を金融機関の担当者に説明するのは、自分自身です。どんな思いをもって、どんなお店をつくり、どんなふうにお店を発展させていくのか、そしてきちんと借入れを返していくのか。**自分自身の言葉で話せるように**、しっかりつくり込んでいってください。

ワンポイントアドバイス

アドバイス①　**コンセプトをつくろう**

アドバイス②　**資金調達の二つの方法は、自分で用意するか、外部から調達するか**

アドバイス③　**自己資金がゼロでは基本的に外部からの借入れはできない**

アドバイス④　**自己資金は三〇%から五〇%が目安**

アドバイス⑤
金融機関にはあなたの経営者としてのやる気を見せる

アドバイス⑥
事業計画はロードマップ

アドバイス⑦
事業計画をつくることは、コンセプトを数値に落とし込む作業

第2章

一店舗を軌道に乗せる!!

―集客編―

開業したら、脇目をふらず、突っ走れ!

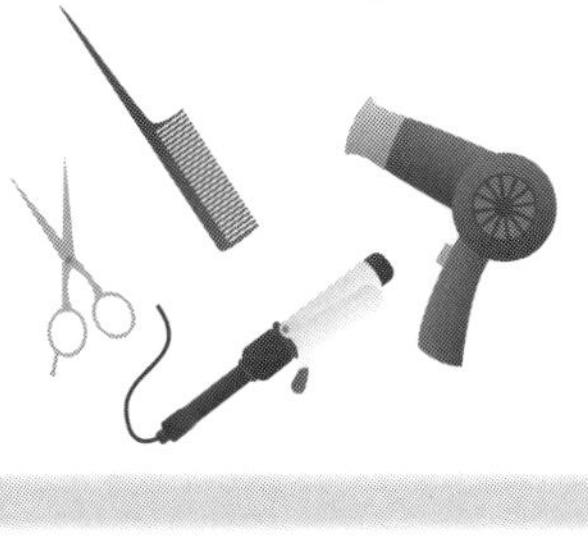

さあ、ついにあなたは、オープンまで漕ぎ着けました。おそらく、オープニングスタッフは、昔の仲間や後輩などに声をかけて、めどをつけたことでしょう。

では、次に何をやるか？

それは、ただひとつ、「集客」です。「マーケティング」です。そして、大切なのは、このお金も時間も労力もかかる行為を無駄にしないことです。そのためには、「理論」が必要。

だから、ここでは、まず、美容室一店舗の経営を軌道に乗せるため、「集客」をどう考えるべきか、マーケティング理論の観点から、見ていきたいと思います。

「集客」がすべての源

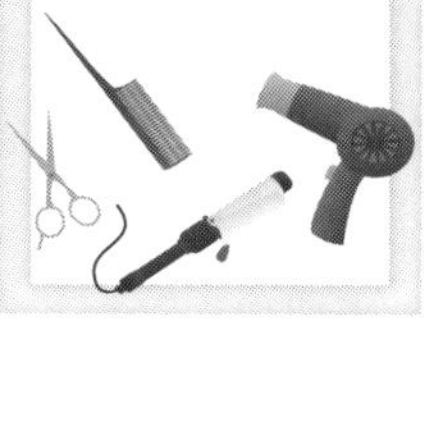

「集客」というと、人によっては、既存顧客のリピートも頭に浮かんで、ごっちゃになってしまうようですが、僕のいう**「集客」とは、あくまで「新規客の獲得」のこと。**当たり前ですが、新規顧客を獲得できなければ、いずれ事業は枯渇します。**既存のお客様は、残念ながら、減っていきますから。**

例えば、転勤、転職、就職、結婚、出産、そして死……。

当然、既存客の維持には最大限努めるべきですが、それでも必ず減っていってしまいます。新規顧客は、事業にとって、いわば血液みたいなもの。なくなれば、いずれ死に至ります。だから、新規顧客を獲得していかなければなりません。これは、もう当然のことですね。

そして、**「集客」にはもう一つの側面があります。**

先日、都内を中心に八店舗を経営しているH社長と話していたときのことです。この方、マーケティングをすごく勉強している方で僕も尊敬しているのですが、その時は「経営」の話になりました。

H社長：「でも、結局、「経営」で一番大切なのは、「集客」ですよね。そこさえ握っておけば、社員は文句を言えない」

このH社長は美容師ではなく、元上場企業で企画や管理をやっていた方。つまり、美容業はもともと素人なのです。そのH社長が、腕に自信のあるトップスタイリストたちの尊敬を集め、組織を維持できるのは、社長に「集客力」があるから。

なぜでしょうか？

もし、そのトップスタイリストたちに、どれだけ素晴らしい技術があったとしても、それだけでは、メシは

食えません。お客様が必要なのです。お客様がいなければ、その技術を披露しようもないのです。一円も稼ぎ出すことはできません。

だから、お客様が大切。

では、既存客を引き抜いて独立するとしたら、どうでしょう?

元のオーナーからしたら、絶対許せない話ですが、新規独立者からすれば、当面の収入が確保できて、それはそれで助かるかもしれません。でも、もし、その彼に集客力がなければ、いずれお客様は枯渇していきます。食えなくなります。それがわかっていれば、おいそれと独立はしていきません。

ここに、パワーバランスが成立するのです。

H社長:「実際に言いはしないですけど、社員に対し、**「イヤならやめてもいいよ。代わりはいるから」**っていう対応をとれますからね」

これが、「集客がなぜ重要か?」という問いに対する、もう一つの重要な答え。

これは事業が進展してきて、自分以外のスタイリストが増えてきたとき、より重要になる話ですが、そういう側面もあるのです。

「経営」に最も大切なのは、圧倒的な「集客力」。

僕もいろいろ勉強してきましたが、これは間違いありません。

だから、あなたが開業当初ならもちろんのこと、「経営」が進んでいろいろな悩みをかかえて、どれから手をつけようか悩んでいるとしたら、まず「集客」からテコ入れすべきなのではないでしょうか？

マーケティングの基礎を知る

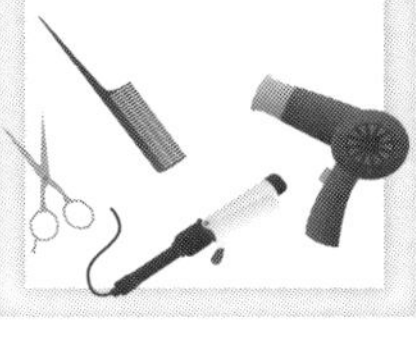

（1）客数×客単価×来店頻度　その一

◎有名な公式

売上について、有名な公式があります。一度や二度は聞いたことがあるのではないでしょうか？

売上の公式は、

○○×○○×○○

ですが、何が入るでしょうか？

答えは、

客数×客単価×来店頻度

ですね。

そして、売上を増やすためには、この公式の数字を上げる必要があります。

例えば、現状が、一、〇〇〇人×六、〇〇〇円×四回だったとします。

このままだと、一年間の売上は、二、四〇〇万円です。これを約一・五倍の四、〇〇〇万円にしたいとします。どの数字を増やせばよいと思いますか？

一・五倍くらいであれば、どの数値を改善してもいけそうな感じです。

では、二倍の五、〇〇〇万円にするには？

算数で考えれば、どれか一つの要素を二倍にすればよいわけですが、いきなり客数を二倍の二、〇〇〇人にするのも難しそうですし、**短期間で客単価を二倍の一万二、〇〇〇円にするのも難しそう。**訪問回数を八回にするのも簡単ではありません。どの数字を増やしても売上は増えるのですが、実際は、どれか一つのみを増やすというのは、現実的ではありません。ですので、実際の経営としては、それぞれの数字を増やすということを、考えなくてはいけません。

例えば、それぞれの数値を一・二倍にします。

一、二〇〇人×七、二〇〇円×六回

これならできそうですか？

実はこの答えは、五、一八四万円。五、〇〇〇万円を超えるのです。だから、**三要素をすべて向上させるのです。**そういう必要があると思います。

もしこの三要素の中で、どれか一つというなら、それは、「客単価」です。**理由は、「客数が増えても、訪問回数が増えてもこなさなきゃいけないカット数が増えるから」です。**「客単価」は上がっても、スタッフの手間は増えません。

三つの要素ともちろん重要ですし、それぞれ上げていく必要はあると思いますが、どれか一つといわれれば、「客単価」が特に重要であると思います。

(2) 客数×客単価×来店頻度　その二

◎新規客について考える

売上の公式について、以前メルマガで書いたところ、ある美容室オーナーからこんな質問を受けました。

ご質問は、

「月にカットは一回、ブローは六回という場合だと、どうやって計算するのでしょうか？」

というものでした。

この方は、都内のある高級住宅街でお店を構えていて、そういうお客様が多いそうなのです。なかなか鋭い質問ですよね。

もしこの公式に当てはめるなら、それぞれ別々に計算するしかないと思います。これを、厳密にやり出すと、ものすごい数の算式をつくらなくちゃいけないわけで、**現実的にはムリ。**だから、この公式だけで片付けるのは正直、難しいのです。「売上」の改善を考えるときのきっかけにしてくださいと、いうことですね。そもそもこの公式には欠陥があります。何だと思います？　五秒考えてみてください。

一、二、三、四、五……。

それは、**既存客の自然減がまったく考慮に入っていないということです。**つまり、一〇〇％リピートすることを前提としています。

これはおかしいですよね？

七〇％でもリピートしたら、結構優秀。それが一〇〇％なんて……。

就職、転職、転勤、結婚、出産、卒業、亡くなった……、などなど。**何もしなければ、既存客は、自然に減っていきます。**このことを強く意識しなくてはいけません。

だから、もちろん、どうやって既存客のリピート率を上げるか？　を考えることも重要なのですが、いかにして新規客を獲得していくか？

これが最も重要なのです。

新規客は事業にとっていわば酸素。絶対になくてはならないものです。

だから、**新規！ 新規！ 新規！**

僕たち経営者が、最も意識すべきことではないでしょうか？

（3）フレームワーク

◎リード――CV――LTV

「マーケティング」、「セールス」、「売上」を考える上で、最も重要なフレームワークを説明します。

それは、**リード――CV――LTV**です。

もし売上を向上させたいなら、改めて、このフレームワークを見直す必要があります。この三つに分解して考えると、改善策が見えやすくなるからです。

では、それぞれ解説しましょう。

リード（見込客）→ CV（成約）→ LTV（生涯顧客価値）

フレームワーク

まず、リード。

リードとは、見込み客のことです。そして、CVとは、コンバージョンの略。

コンバージョンは、日本語でいうと、「成約」。見込み客に何らかの商品・サービスを買ってもらう状態をいいます。**LTVとは、life time valueの略。「生涯顧客価値」です。**その人が一生涯のうちに、どれだけお金を落としてくれるかということです。

「あー、売上ほしいなー」と考えて、いきなり翌日、ドカンと売上が入る。それなら、商売、苦労しませんよね（笑）。ビジネスには、「種まき」が必要です。それが、見込み客、リードです。通常、ここでいうリードとは、無料お試しや無料お問い合わせなどをいただき、こちらから連絡できるとか、情報を伝えることができる状態をいいます。この段階では、お金はいただいていません。

リードを獲得したら、次は、コンバージョンという局面になります。**人は、通常、最初にモノを買うときはとても慎重です。**見込み客に何か

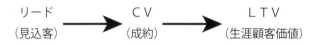

を買わせること、それがコンバージョンです。

見込み客を顧客化できたら、次は、「生涯顧客価値」がポイントになります。通常、人は、一度モノを買い、信用してしまうと、お金を払うのに躊躇しなくなります。関係性ができあがってしまうと、特にそうですね。**誰だって、友達と呼べるくらい仲良くなってしまえば、金額なんて気にならなくなるはずです。**そうなると、もうお金をたくさんかけて広告する必要はなくなっていきます。**つまり、広告は、リードを獲得し、コンバージョンするまでのところに、注力することになります。**

各シーンをわかりやすく説明すると、こんな感じです。

リード獲得時

広告費　五〇〇　―　売上　〇

コンバージョン時

広告費　五〇　―　売上　一〇

その後（ＬＴＶ）

広告費　〇　―　売上　五、〇〇〇

どうでしょうか？

先に、広告費が五五〇かかっていますが、トータルで見れば、

売上　五、〇一〇　―　広告費　五五〇　＝　利益　四、四六〇

広告費に対し、利益が約八倍出ています。これは、「勝ち」といえるでしょう。

このように、**それぞれ数値化することがとても重要**で、数値化できれば、どこに手を打てばよいかわかるようになります。

例えば、生涯顧客価値が十分に高ければ、顧客化できればできるほど、売上が大きくなることにな

ります。

つまり、手を打つべきところは、リード獲得からコンバージョンのところということになります。逆に、新規客はたくさんとれる。でも、リピートしないということであれば、LTVが問題ということになります。どうやって、LTVを上げるかを考える必要が出てきますね。

この「リード—CV—LTV」は、基本中の基本の考え方で、実際、僕自身も悩んだときは、こういうフレームワークを利用して、考えをまとめ直したりしています。ピッタリあてはまらなくてもなかなか使えるフレームワークなのです。

だから、もしあなたが売上向上に悩んだら、そういうフレームワークを参考に、考え直してみるのもよいかもしれません。ヒントになるかもしれませんね。

(4)フロントエンド—バックエンド戦略　その一

◎商材を分けて考えろ！

もう一つ、マーケティングを考える上での重要な、フレームワークを紹介します。**基本でありなが**

ら、ある意味、最重要。これを意識しているか、していないかだけで、あなたの利益は大きく変わります。

それは、集客商材と利益商材を分けて考える、ということです。

マーケティング用語で、集客商材をフロントエンド、利益商材をバックエンドといいます。

フロントエンドでは、お客を集めることだけに集中し、バックエンドで利益を上げる。このことを強く意識する必要があります。

なぜ強く意識しないといけないのか？

それは、それを意識していないと、人って、わりとどのサービス、商材でも同じように利益を上げようとしてしまうからです。

店販、物販のほうがわかりやすいと思うので、それで例えると、例えば原価が一、〇〇〇円のものでも、一〇、〇〇〇円のものでも、五〇、〇〇〇円のものでも「利益率二〇％」と何となく思ってしまうと、人は何にも考えず、どの商材でも二〇％の利益をとろうとしてしまうものなのです。

フロントエンドとバックエンドの特徴

	フロントエンド	バックエンド
	集客商材	利益商材
	最初に買う商品	2度目以降に買う商品
	低価格	高価格
目的	顧客化する（CVする）	利益を上げる（LTVを上げる）
競合	激しい	やさしい
信用	低い	高い
売り	価格	商品価値
広告費	高い	安い

これがよくないのです。

商材を二種類に分ける必要があります。

それが、フロントエンドとバックエンド。

フロントエンドは、集客商材。

利益をあげなくてよい、いや、むしろ上げてはいけません。

それがポイントです。**言い換えると、目玉商品、もっというと「撒き餌」です。** なぜかというと、フロントエンドの段階では、顧客ははじめてあなたの商品・サービスを買うタイミングです。だから、顧客はあなたのことをまだ信用していないし、好きになっていません。とにかく知ってもらって、好きになってもらわなければいけません。

一方、バックエンドは、二回目以降の商品・サービス。リピートしているということです。つまり、あなたのことを好きになってきているし、お金を払いやすくなっています。そういうことです。

よく、例えられるのが、**「女性をデートに誘う」**ときですね。もし、あなたが渋谷のセンター街でナンパして、食事に誘うとしたらどうでしょうか？　もしかすると、男前のあなたにとっては「朝飯前」のことかもしれませんが（笑）、普通は難しいはずです。少なくとも僕はできません（笑）。なぜなら、相手はあなたのことをまったく知らないし、信頼していないし、ヘタすると気持ち悪いとすら思っているかもしれません。

とにかくハードルは高いのです。

でも、もし「彼女」や「奥さん」を食事に誘うとしたら、どうでしょうか？　きっとタイミングさえあえばつきあってくれるでしょうし、むしろ喜んでくれるかもしれませんね。これが、フロントエンドとバックエンド。相手の心理状態はまったく別物なのです。だから、同じように対応してはいけないのです。

「ん？　それやっているよ」

もしかすると、あなたは今、そう思ったかもしれません。**そう、実は美容室は、知らず知らずのうちにみんなこれをやっています。**いわゆる初回割引クーポンみたいなやつですね。

でも、「なぜやっているの？」と聞かれたとき、**「なんとなく……」とか、「他もやっているから」とかになっていませんか？**

それでは、効果が出せません。

ちゃんと理屈を理解し、強く意識しておかないと、そのうち、

「こんな値段じゃ、やってられない！」

と、なってしまいます。

フロントエンドで、ガッチリとハートをつかみ、バックエンドにつなげる。僕たちが、マーケティングを考えるとき、最も重要なことではないでしょうか？

（5）フロントエンド―バックエンド戦略　その二

◎なぜ初回割引をつけるのか？

なぜ、あなたは、「初回割引」をつけるのか？

もし、あなたがこの質問に対し、明確な答えをもっていないなら、あなたにとって、このページは、とても大きな価値があるかもしれません。

美容室、飲食店、通信販売……。

「初回割引」のついているものって、たくさんありますよね？

特に、美容業界だと、「初回割引」は当たり前。ですが、なぜあなたは「初回割引」をつけているのでしょうか？

まわりがつけているから？　そういう業界だから？　何となく？

これが頭の中で明確になっていないと、単なる安売りになってしまうし、スタッフのモチベーション・ダウンにもつながってしまいます。

「初回割引」には、ちゃんとした裏付けがあります。それは、ダイレクト・レスポンス・マーケティングの中心ともいえる戦略、「フロントエンドとバックエンド」戦略です。

僕も自力で売上を増やすことができず、悩み苦しみ、本を読みあさり、セミナーに行きまくり、この「フロントエンドとバックエンド」に出会ったとき、それは、まさに**「目からうろこ的な衝撃でした。」**

ある意味、僕の人生を変えた「考え方」であるかもしれません。

重要なのは、「商材を分けて考える」ということです。

例えば、お休みの日、あなたは家でくつろいでいるとします。

ピンポーン！

チャイムがなる。ドアを開けてみると、スーツを着た中年の男が立っています。

「家を買いませんか？」

「はあ？」でしょ？（笑）

「冗談も休み休み言え！」ですよ。

「なぜお前から、三、○○○万も四、○○○万もする家を買わなきゃいけないの？（怒）」

もう、怒り爆発です。断言できます。こんなんじゃ、絶対に売れません。

車、保険など、高額商品であればあるほど、一発で売るのは難しいといえるでしょう。**高額であればあるほど、いきなり本命商品を売るのは難しいのです。**それは、なぜか？

関係性がないからです。

誰だってそうでしょう。どんなものを売りつけられるかわかったもんじゃないし、そもそもなんだか気持ち悪い。

そこで、まずは知ってもらう、使ってもらうことが大切になります。

フロントエンドとは、別名、集客商材。バックエンドは、別名、利益商材。

ビジネスは、究極的には利益を上げなくてはならないので、本当に売りたいのは、利益商材なのですが、お客様に知っていただき、信頼を得るまでは、そういった商材を買ってもらうのは難しい。

そこで、まずは知ってもらい、サービスを受けてもらい、いずれ好きになってもらう。そのための商材が、集客商材であるフロントエンド商品なのです。

その時の最大の武器が、「価格」。だから、割引するわけですね。

商品やサービスが異なれば、最適なフロントエンドも変わってきます。通販商品などであれば、「無料お試し」、「無料サンプル」などが使われます。ところが、店販ならまだしも、美容室で「無料サンプル」ってあり得ませんよね？　だから、**フロントエンドは、「割引」となるわけです。**

(6) フロントエンド―バックエンド戦略　その三

◎リピート客は、割引をつけるべきなのか？

この「フロントエンド―バックエンド戦略」は、とても大切なフレームワークなので、関連する内容でもう一度考えてみましょう。

僕は仕事がら、たくさんの美容室のオーナーの方とお会いします。いろいろな考え方のいろいろなオーナーさんがいます。事業として、どんどん大きくしていきたい方もいれば、規模の拡大は一切考えず、技術者としてお客様とずっと接していきたい方までさまざまです。そして、誰が正しく、誰が間違っているということはありません。**自分の思うように生きていければ、間違いでないからです。**

ところが、マーケティングには法則があります。話に熱がこもってくると、時々、こういう話になります。

「新規客とリピート客、どちらを割引すべきか？」

難しい問題です。お客様をとても大切にしている、あるオーナーさんは、言いました。

「新規客よりもリピート客を大幅割引すべきだ。なぜなら、それだけ、お店にきてくれているから」

気持ちはよくわかります。しかし、マーケティング的には、正解ではありません。**割引は、新規客に対してすべきなのです。**このことについて、マーケティングでは、「鉄板」の戦略があります。

それが、フロントエンドとバックエンド戦略です。もう覚えましたね。

フロントエンド商品は、利益を度外視し、集客のみに集中するのです。美容室でいえば、新規のお客様についてはとにかくきてもらうことに集中するわけです。きてもらわなければ、何もはじまらないわけですから。

では、新規のお客様、つまり、お店を探している人は、どういう心理状態でしょうか？

例えば、こんな感じ。

「うーん、この前、行った美容室はイマイチだったなあ。

どこかいいところ、ないかなあ？

あ、なんか、ここよさそう。

スタイルのイメージもバッチリだし、

お店も駅からまあまあ近い。

それに、美容師さんもイケメン。

あ、こっちもよさそう。

うーん、この二つ、どっちがいいかな、悩むなあ」

今、二〇代女子、ＯＬの気持ちになって想像してみましたが（笑）、まあ、だいたいこんなところではないでしょうか？

イメージも同レベル、駅からの距離も同じ、イケメン度合い（？）も一緒、

こうなったら、何で選びます？　そうです。「価格」です。だから、新規客には、「値引き」が必要なのです。では、なぜ、リピート客には値引きしてはいけないのでしょうか？　**それは、単**

なる「安売り」になってしまうからです。新規客を値引きし、リピート客も値引きしたら、それは、単なる「安売り」でしょ？（笑）

戦略的でない、単なる「安売り」は、結局、自分の首をしめることになってしまいます。事業は、どこかで利益をとらないといけませんからね。

リピート対策

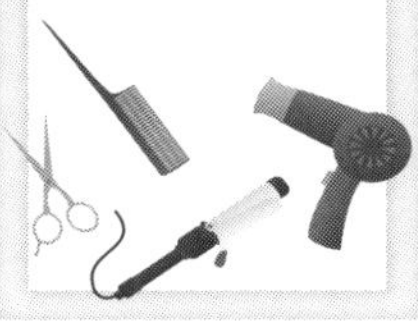

今度は、どうすればリピートさせることができるか考えてみたいと思います。

さて、ビジネスのプロセスには、大きく分けて、**マーケティングとセールスの二つがあります。**

「マーケティング？」

「セールス？」

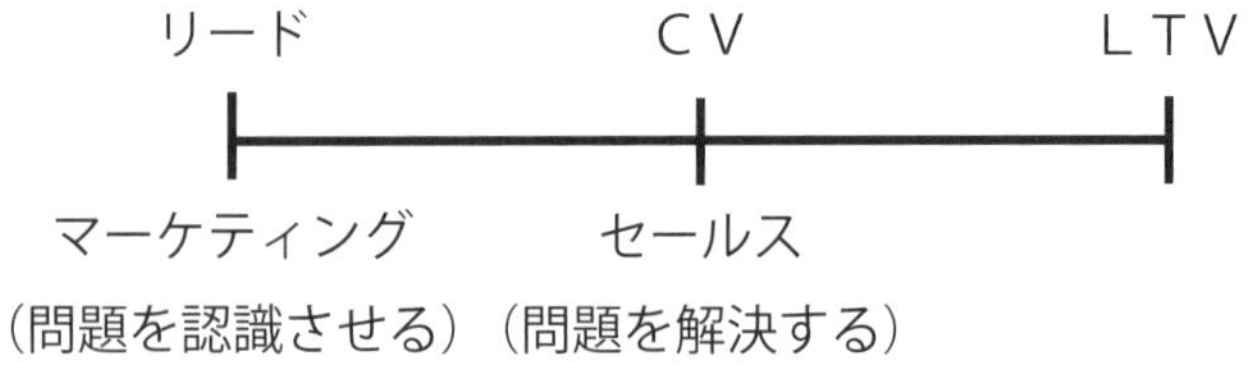

マーケティングとセールス

何となく似たようなイメージをもっているかもしれません。

ところが、経営学の権威、ピーター・ドラッカーは、その著書「マネジメント」でいっています。

「マーケティングとセールスとは、まったく異なるものだ。**マーケティングはセールスを不要にする**」と。

では、マーケティング、セールスとは何でしょうか？

簡単にいうと、マーケティングとは、**あなたの目の前に、お客を連れてくることです。**日本のダイレクト・レスポンス・マーケティングの第一人者、神田正典氏はそういっています。

それでは、セールスって、何でしょうか？

セールスとは、その名の通り、成約すること、販売することです。

美容室の場合、目の前にきたお客様は、すでに来店していますから、一回はお金を落としてくれることになります。

そうすると、あれ？

「マーケティング、イコール、セールス??」

みたいな、ワケがわからないことになってしまいます。

ですから、**美容室の場合、僕は、リピートさせることがセールスに該当するのではないかと、思っています。**

まとめると、新規客を呼び込むことがマーケティングで、リピートさせることがセールスであるということですね。

では、リピートさせるには、どうしたらよいでしょうか？

リピート、イコール、セールスだとすれば、セールスとは何かを考えればよいことになります。

では、セールスとは何でしょうか？　考えてみてください。

……。

セールスとは、「問題を解決すること」です。

大切なことなので、もう一度いいましょう。

セールスとは、顧客の問題を解決することです。ちなみに、マーケティングは、顧客に問題を認識させることです。

「なーんだ。そんなことか」って、お思いでしょうか？

でも、ですね、これが意外に難しいのです。なぜなら、**顧客は、本当のことを簡単には言わないからです。**


お客様が新規で当店にきてくれた。**それは同時に、他店に行くのをやめたことを意味します。**

つまり、何らかの問題があったから、問題を解決してもらえなかったから、お店を変えたことになりますね？

でも、お客様は、なかなか本当の願望を教えてくれません。それは、いろいろなケースが考えられます。言いにくい場合、恥ずかしい場合、あるいは、問題がお客様の中でまだハッキリしていない場合、などなど。

例えば、「あいつのしゃべり方がむかついた」とか、初対面の人に言いにくいですし、「髪の毛が少なくて……」なんていうのも人によっては恥ずかしくて言い出せないかもしれません。

つまり、**問題を解決しようにも簡単にはできないのです。**

だから、お客様が抱えている問題、言い換えると、「本当の願望」をいかに引き出すか、これが重要なのです。

それができれば、あとはそれをあなたの技術で解決してあげればいいだけですから。

お客の問題を解決してあげる。そのために、徹底的に「本当の願望」を聞き出す。これがリピート率を上げるポイントではないでしょうか？

究極の選択～新規客とリピート客、どちらを優先すべき？

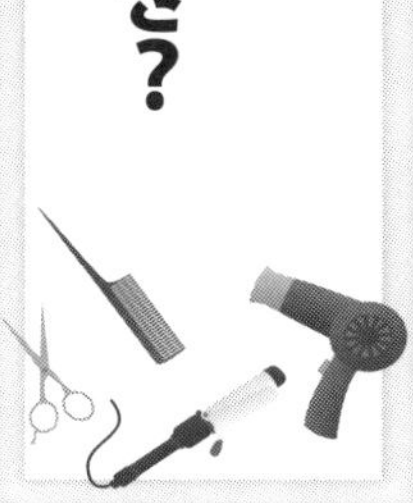

先日、パートナーの伊澤と二人で打ち合わせしている時に、こんな意地悪な質問をしてみました。

「二つ選択肢があります。伊澤さんならどっちを選ぶ？

一つは、どうせ既存のお客様は減っていくのだから、それを上回るペースで新規顧客をガンガン増やしていくべきか？

それとも、新規のお客様を増やすのは、労力もコストも大変だから、既存のお客様に徹底的にサービスして、失客の可能性を限りなく減らしていくべきか？」

あなたも考えてみてください。

さて、あなたならどっちを選びますか？

では、答え。僕の答えは……、

「両方‼」

ズルい？（笑）二択っていっていたのに？（笑）。

たとえ「二択」でも僕たち事業家は、両方追求すべきだと思います。なぜなら、**新規顧客の集客と既存顧客の維持は、いわば車の両輪。**どちらかが欠けてもうまくは前に進みません。仮にマーケティングが得意で、どんどん新規顧客を呼び込めたとしても、リピートせずに失客してしまってはなかなか進みませんし、逆に、どれだけサービスの質がよくても新規のお客様がこなければ、その腕のよさを示すことはできません。

だから、たとえ「二択」であっても、僕たちは、両方とも欲張らなくてはいけないのです。

コラム

参考になる他業種～フロントエンド商品の威力

コメダ珈琲って知っていますか？　名古屋地方で絶大な人気を誇る喫茶店です。今、急激に拡大しており、関東地方にもガンガン進出しています。名古屋って喫茶店文化がすごいんですよね。特徴は、その名古屋流といわれるサービス。盛りがすごい、そして安い。

例えば、モーニングサービス。なんと、コーヒーを頼むとトーストとゆで卵が無料でついてくる！

普通の喫茶店では考えられないサービスですね。プラスして、コメダ珈琲の特徴は、くつろげる空間。各座席が仕切られている。しかも大量の新聞、雑誌が置いてあって自由に読める。時間制限一切なし、くつろげる空間。以前、「カンブリア宮殿」でやっていたので一度行ってみたいとずっと思っていたんです。

テレビでは、おじちゃん、おばちゃんが朝から長時間くつろいでいるなんて絵が紹介されていただけど、いったいどうやって儲けているのだろう？

そして、ある日。訪問と訪問の間に時間ができたので、埼玉にあるお店に行ってみました。

「いらっしゃいませー！」

長身若手イケメン店員の気持ちのいい第一声。店の中に入ってみると、なるほど、席が仕切られている。そして、入り口近くには大量の新聞、雑誌、本。僕は、入り口近くの仕切られた席に座りメルマガを書いていました。夕方だったのですが、客層は社会人が多い。二人連れが多いですが、僕みたいな一人の人も入ってくる。あれ？　さっき入った人、もう出るのか⁇　あ、あの人も‼

そう、実は、「くつろげる空間」を売りにし、長時間ＯＫとしていますが、どうやら本当に長時間いる人はわずかでおそらく平均三〇分程度で帰る人が圧倒的に多いのでしょう。しかも、ボリュームは多いのですが、そこそこの値段はする。トーストとゆで卵が付くモーニングは、いわば話題づくり（エサ）で実際はまあまあいい値段がする。

もちろん立地や時間帯によって客層も違うのでしょうが、そういったところもきっちり計算されて「仕組み」ができあがっているのでしょうね。

ちなみに、このモーニングのような集客商材をマーケティング用語でフロントエンドと言います。本書で何度も強く説明していますが、フロントエンドとバックエンドを意識して「仕組み」づくりをすることがビジネスの上で、とても大きなポイントになるんですね。

このコメダ珈琲の例はわかりやすいかと思って、載せてみました。

お客様はイメージを買っている

新規顧客の集め方を考えましょう。

ある意味、これが事業のキモであり、すべての経営者の関心事だと思います。あなたもいろいろと頭を悩ませているかもしれませんね。そして、いろいろな媒体を試しているかもしれません。ホットペッパービューティー、チラシ、自社ウェブサイト、ブログ、フェイスブック、リスティング広告 etc……。

何がいいのか、何の効果が高いかは、お店の特徴や地域性にもよるかもしれません。

しかし、どの広告を使うにしても絶対に外せないポイントがあるのです。それは、何だと思いますか?

答えは、「顧客目線」ですね。

「なーんだ。そんなのわかっているよ！」って感じでしょうか？

では、「顧客目線」とは、どういうことでしょうか？

新規顧客は、何を買ってくれているのでしょうか？ 商品？　サービス？　お店の雰囲気？　カットの技術？

もし、あなたがマーケティングの勉強に熱心であれば、こう答えると思います。

「ベネフィットだ！」

と。

確かにそれは正しいです。

ちなみに、ベネフィットとは、お客の便益、利益のことです。平たくいえば、「で、俺に何の得があるの？」の「得」の部分ですね。

お客は、商品・サービスではなく、それを使う・受けることによってもたらされるベネフィットを求めているということですね。

ところが、新規顧客に関していうと、これは答えの半分でしかありません。では、新規顧客は何を買おうとしているのでしょうか？

それは、**「ベネフィットに対する期待」**です。

なぜか？

それは、まだあなたのサービスを受けていないからです。だから、当然、ベネフィットも享受できていないのです。

つまり、「ここにきたら、気持ちよくすごせそうかな？」とか「ここにきたら、セットしやすい髪型にしてもらえそうかな？」とか「縮毛にうまく対応してくれそうかな？」とか、ベネフィットに対する期待を買っているのです。

例えば、あなたが初めてのラーメン屋に入るとき、どう思いますか？

「ここのラーメン屋、うまそうだな」でしょ？　「うまいな」ではないはずです。「〇〇そうだ」ですよね？　これは、つまり、期待を買っています。

言い換えると、新規顧客は、イメージを買っているのです。

大切なことなので、もう一度いいましょう。

「新規顧客は、イメージを買っている」

だから、イメージを膨らましてあげる必要があるのです。

売れるウェブサイトのつくり方

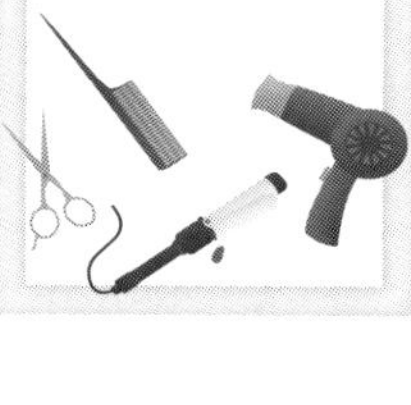

ウェブサイトについても考えてみましょう。

インターネット全盛の今、必須のマーケティング・アイテムといえるウェブサイト。

ちょっと前までは、ネットを見るのに、必ずパソコンが必要でしたが、今では、スマホやタブレットでいつでもどこでも見られる時代。**調べたいことがあれば、それが外出先であろうが真夜中だろうが、ネットで簡単に情報を得ることができます。**

それだけに、ネット上に、あなたのお店の情報を載せ、集客に役立てるのは、もはや必須といえるでしょう。ある意味、ウェブサイトがないのは、

「儲かりたくない！」

「お客くるな!」

といっているも同然（笑）。

では、どのようにウェブサイトをつくり込めばよいでしょうか？

ウェブサイトには、大きく分けて二種類あります。

一つは、いわゆる「ホームページ」。もう一つは、「ランディングページ」。

まず真っ先に頭に浮かぶのは、「ホームページ」でしょう。お店がどこにあって、どんなスタッフがいて、どういうメニューがあってという情報を載せる「何でもあり」のサイトですね。

一方、ランディングページは、より目的をもたせたサイトです。一般的には、検索広告などで、クリックさせて、入ってきた人に見せるページで、一枚モノの長いページであることが多いですね。

ところが最近は、かたちどおりの「ホームページ」、「ランディングページ」というのは、なくなってきているような気がします。ちょっと前までは、情報サービス系を中心に、「ランディングページ」が全盛でした。ところが、最近は、そうでもありません。ユーザーが慣れてきてしまったからですね。

そういう長いページを見ると、**反射的に、「売り込まれる」と感じる**ようになってきたため、

イメージを売りつつ、プロフェッショナルの姿勢を示している顧客目線のサイト
（これは、ホットペッパー内の広告ですがサイトのつくり方は同様です。）

そういう構成ではかえって売れなくなってしまったからだと思います。

また、ちょっと前まで、スマホの能力が今ほど高くなく、解像度もイマイチ、サイトが重いとなかなか表示がされないという問題がありました。そのため、スマホには、簡易的なスマホ用のサイトを別に用意し、スマホには、スマホ用のサイトを見せるという方法が採られていました。

ところが、今はスマホの能力も格段に向上して、あまり制限なく表示できるようになってきているので、PC、スマホ共用のサイトをつくるという流れになってきました。

そして、最新のトレンドは、**レスポンシブデザイン**です。HTMLの発展により、一つのウェブサイトをもとにして、閲覧媒体により、**自動的に表示を切り替える**ことができるようになりました。つまり、PCにはPC用に、スマホには、スマホで見やすいように、自動的に配置などの表示を変えるプログラムです。

ウェブの世界は、目まぐるしく進歩しています。そして、これからも、時代の変化によってどんどん変わっていくのでしょう。

大切なのは、**見せる相手や目的に応じて内容を変える**ということです。

見込み客に見せて、予約をとるためのサイトなのか、仲のよい既存客のためのサイトなのか、それとも求職者向けのサイトなのか。

あなたが、これからウェブサイトをつくろうとか、大幅に構築し直そうと考えているなら、とても大切な視点なのではないでしょうか?

ウェブサイトをつくるときの注意点

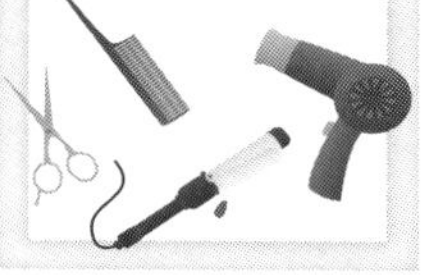

先日、都内のある美容室オーナーさんからこんな相談を受けました。

それは、**「ホームページをつくったけど、アクセスもほとんどないし、予約なんて全然ない」**と、いうものでした。

僕は聞きました。

僕：「ウェブサイトに対して、何かやっていますか？」

美容室オーナー：**「いえ。つくっただけです」**

僕：「それじゃあ、アクセスなんて増えませんよ」

「業者に高いお金を払って、きれいなサイトをつくった。スタッフやスタイルの写真も凄腕のカメラマンに頼んで撮り直した。デザイン的には最高だ。コンテンツも一生懸命考えてしっかり書いた。うちの魅力は十分すぎるほど伝わるだろう。どう考えても最高のウェブサイトだ！」

だとしても、これだけでは、お客様は増えません。なぜでしょうか？

理由は簡単。

ここに動線を張っていないから。

つまり、**どんなにいいサイトでも見てもらえなければ意味がありません。**「孤島」状態なのです。見てもらう「きっかけ」をつくらなければいけません。例えば、チラシを見たとか、友達に聞いたとか。オフラインの世界ではそんなのが考えられます。もちろん、路面店であれば、実際

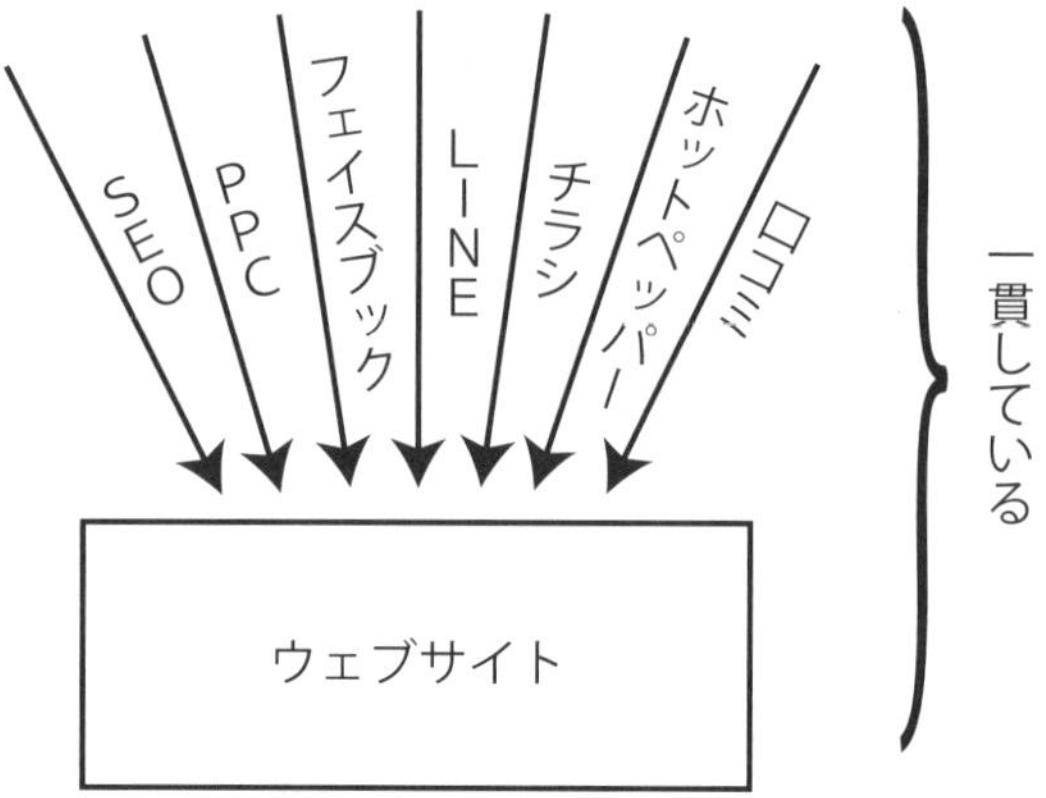

動線と一貫性

にお店を見たというケースもあるでしょう。

オンラインであれば、SEO、PPC、フェイスブック、LINE、ツイッターなどなど、いろいろなものが考えられますね。

この中で、強力なモノ、それが「ホットペッパー」ですね。とにかくあなたのサイトを見てもらわなければ何もはじまりません。あらゆる手段を使って、見てもらう確率を上げる必要があるのです。

このとき、重要なのが、「一貫性」。例えば、チラシでは、若い女性向けのオシャレな感じをアピールしていたとします。ところが、**サイトがボロボロでスタイル写真もなんか流行遅れな感じ。**だとしたら、その瞬間にそのサイトから帰ってしまうでしょう。絶対に「予約」、「問い合わせ」にはつながりません。

大切なのは、「動線」、そして「一貫性」。

もし、ウェブサイトをつくったのに、成果が出ないと悩んでいるなら、もう一度、このあたりを見直してみるのもよいのではないでしょうか？

SEOとリスティング広告（PPC）

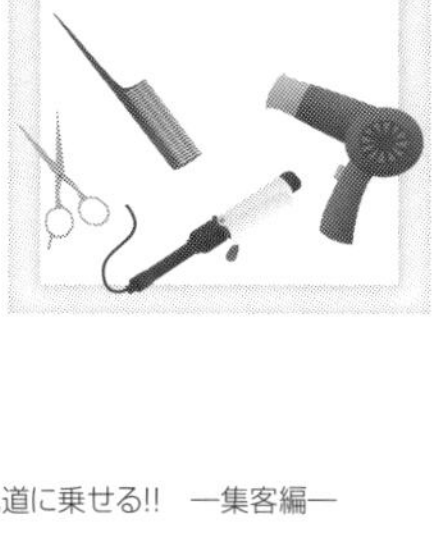

あなたのサイトにお客様（見込客）を集める方法を考えてみましょう。

ここでは代表的なものとして、SEOとPPCを見ていきます。

SEOとは、日本語でいうと「検索エンジン最適化」。つまり、GoogleやYahooなどの検索で上位表示させることですね。少なくとも、お店名と地域名を入れて検索したら表示されるようにしたいって考えますから、ホームページをつくると最初に考えることがこのＳＥＯですよね。

結構、ＳＥＯの専門業者さんは多いので、あなたのところにもしょっちゅう電話がかかってきているかもしれません。

ところが、**このSEO、とても不安定**なのです。

というのも、Googleの意図で大きく結果が変わってしまうからです（確か、現在はYahooもGoogleのシステムを使っているので、実質Googleで決まるはずです）。

Googleがアルゴリズムを定期的に変更するため、検索結果が大きく変わってしまうことがあるんですね。

以前は、ＳＥＯは、コンテンツと被リンク数で決まるといわれていて、ＳＥＯ業者は、主に被リンク数を増やすことで上位表示させるようにしていました。

ところが、これでは内容の乏しいウェブサイトが、上位表示されかねず、ユーザーの使い勝手が悪くなってしまいます。そこで、今では、不自然に被リンク数が多いサイトは、サイト評価を大幅に下げるアルゴリズムに変更されてしまいました。

今は、**キーワードをちりばめた上で、地道にコンテンツを充実させていくという王道で検索順位を上げるしかない**ようです。

もう一つがPPC。これは、**Pay per click の略で、いわゆるリスティング広告**というやつですね。検索したりすると、**一番上とかに出てくるあれ**です。あなたは当たり前に知っているているかと思いますが、あれは広告でして、お金を払って掲載しているのですよね。Gmail とかアメブロとか、いろいろなところに広告が表示されます。お金はかかりますが、コントロールはできますし、お金をかける価値はあるかもしれません。

SEOにしてもPPCにしてもとにかく露出を増やして見てもらう機会を増やしていくのです。そして、その中で興味をもってもらったり、信頼してもらったりして、実際に来店していただくのです。

これは、リアルの世界でもネットの世界でも一緒ですよね?

美容室だと、ホットペッパービューティーのような検索サイトの力が大きいかと思いますが、そういうところにお金をかけて集客している方もいれば、まったくかけずに集客している方もいます。

要は、地域や対象となる見込客の特性を考えた上で、どのように集客すべきかを考える必要があるのでしょう。

ホットペッパーの使い方

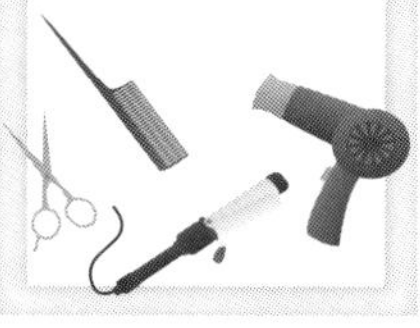

自社のウェブサイトに呼び込む方法として、やはり最も有効なのは、ホットペッパービューティーなどの広告媒体ではないでしょうか？　有力媒体は、数種類ありますが、中でもリクルートが運営するホットペッパーは、圧倒的で、特に都市部では、使わないと集客は難しいのではないかと思います。池袋や新宿のようなターミナル駅にくるようなお客様は、例えば、お店を直接見てくるようなことはほとんどありません。**ネット上で探して来店**しますから、ホットペッパーはその入り口として必須だと思います。

一方で、郊外店の場合には、場所によっては、チラシやＤＭのような紙媒体のほうが生きるエリアもあります。したがって、郊外であれば、サブ的に使うことも考えられます。

要は、ペルソナ（ターゲットとする顧客）と市場で決まります。それにあわせて、どう使うのかが決まってくるのです。

また、ご存知のとおり、仕様もどんどん変わってきます。

そのため、**その変更を敏感に察知し、そのときそのとき、ユーザー（お客様）がどのように行動するかを考え、手を打っていく必要があります。**ホットペッパーの中でも考えられる手をどんどん打っていかなくてはなりません。

実際、**成果を残している美容室オーナーは、あらゆる手を尽くしています。**

だから、**「ホットペッパーに出しさえすれば、お客様がくる」なんて思っていると、大変な目に遭ってしまう**のではないでしょうか？

コラム

ウェブ〜時代によって変わる

今、マーケティングの中心はインターネット、ウェブだと思います。しかし、それも変遷してきています。

第一段階：

インターネットが普及し始めたのは、Windows 95が登場した後くらいだと思いますが、**出はじめはダイアルアップ接続**でした。それが二〇〇〇年前後のことです。この時代は、ホームページをつくるということだけで大変だったので、下手くそなホームページでもあれば売れた、という時代でした。インターネットにつないでホームページを見るユーザー数も少なかったのですが、競争相手も少なかったので、ホームページがありさえすれば、かなり優位に立てた、そういう時代でした。

第二段階：

二〇〇〇〜二〇〇八年くらいまでは、きれいなサイトが売れました。この時期はＩＳＤＮやＡＤＳＬという通信網も拡大し、ネットユーザーの見る目もかなり肥えてきました。そこで、**デザイン性の低いサイ**

トはダサい、というふうになってきましたし、競争相手もサイトをもつのが当たり前になってきたので、サイトのデザインが重要になってきました。

第三段階：

二〇〇八～二〇一三年くらいまでは、通信網がさらに発達して、**スマートフォン、タブレットが出現**してきました。そして生まれたときからウェブが当たり前にあったという世代が増加してきました。ウェブは若者からお年寄りまで、すでに生活の一部になってきました。

そういう背景があったので、きれいなだけ、コンテンツだけというサイトでは売れなくなってきて、**仕組みが必要**になってきました。

仕組みが必要になったのというのは、**要はランディングページ**（ＬＰ）のことです。この時代、ウェブにどうやって連れてくるか、ウェブでどうやってコンバージョンするか、という仕組みとしてランディングページが全盛となりました。

第四段階：

二〇一三年～現在はＰＣではなく、スマートフォン、タブレットでの利用者が急増しました。それぞれへの対応、**特にスマートフォンへの対応が必須**になってきています。よって第四段階では媒体ごとでのさらにきめ細かな対応が必要になりました。

この時代には、「LPを見ると売り込まれる」というのをユーザーがわかってきました。典型的な「LP」や「ホームページ」というつくり方だけでは対応できなくなっています。より、媒体（PC、スマートフォン、タブレットなど）、シーン（お客様のシチュエーション、ペルソナ）、誰に対してのサイトか（対お客様、対求職者など）というかたちで、さまざまなことを考慮して**つくり分けなければいけない、**という状態になっています。

そういうところからいっても、一つサイトをつくりさえすればお客様が来る、なんていうことは、難しくなっています。

マーケティングの考え方

それでは、改めて、マーケティングとは何なのか考えてみましょう。

マーケティングは、よく魚釣りに例えられます。**マーケットは漁場です。そして、魚がお客様。エサが商品で、ほかの釣り人が競争相手、**ということになります。これらの組み合わせでマーケットは構成されることになります。

お客様を増やしたいと思えば、当然、魚がたくさんいる漁場が頭に浮かびます。ただ、そういうところは、**ライバルも同じように考える**ので、釣り人がたくさん集まります。美容室でいうと、都心のターミナル駅などがまさにそうです。逆に、釣り人が少ない漁場に行けば、釣れる確率はあがりますよね。ただ、そういうところはもしかすると、魚があまりいないかもしれません。

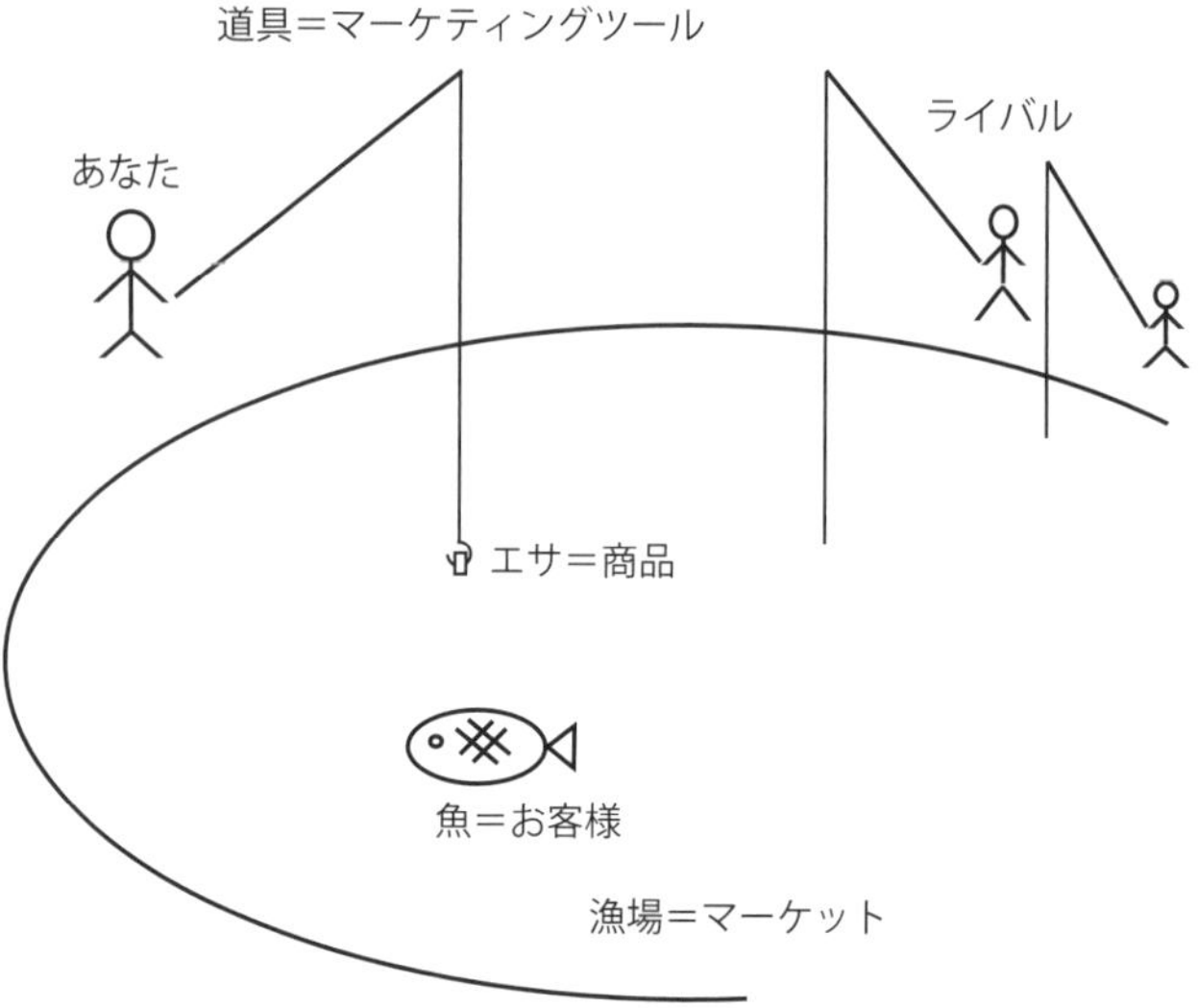

マーケティングのイメージ

そして、先ほどもいったように、**エサが商品、サービス、という位置づけ**になります。その漁場によって、いる魚が違いますから、それに合うエサを使わなければなりません。実際の魚釣りでも、エサは魚によって違います。カワハギならアサリ、ヒラメなら生きたイワシというようにエサも変わってきます。

美容室でいえば、都内に通う二〇代のOL相手なのか、高級住宅街に住む三〇代後半から四〇代のマダム相手なのか、それとも、郊外の年配の方かによって、提供するメニューも変わり

ますよね？

加えていうと、**釣り道具が、マーケティングツールにあたります。**例えば水深一〇〇メートルから二〇〇メートルの深海にいる魚を釣るのなら、手動リールよりも電動リールのほうが楽に釣れるわけです。

釣り竿は、魚の種類によって変わります。柔らかい竿が適した釣りもあれば、固い竿が適した釣りもあります。例えば、パワーのある真鯛狙いであれば、そのパワーを受け止められる、しなる竿を使います。逆にエサをついばむように食べるカワハギなどは、微妙なアタリを取れるように、胴は曲がらず、穂先が敏感な竿を使います。**狙う魚によって釣る道具が変わるのです。**

というように、インターネットで集客したほうがよいのか、それとも、チラシのような紙媒体がよいのかなど、マーケティングツールも、狙うお客様によって当然変わってくるのです。

最新マーケティング事情

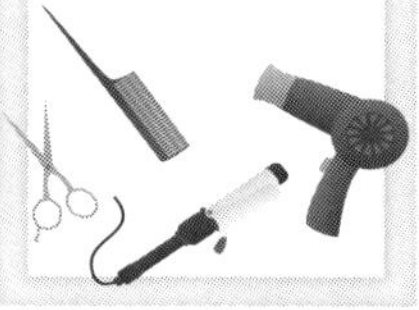

（1）マーケティングツールひとつでは集客はうまくいかない

まず、これは美容室に限らず、マーケティング全般にいえることですが、マーケティングには転換点のようなものがあります。

つまり、費用や労力と成果が必ずしも比例関係にあるわけではなく、ある一点に達するまでは、ほとんど成果が出ないものの、その一点に達したとき（**ティッピングポイント**）、一気に成果が出はじめるというものです。

マーケティングは、最初はあまりうまくいかないことが多いのです。

僕たちは、やったらすぐに成果が出ると思いがちですが、一定ラインまで蓄積されないと成果が出てこないことが多いのです。ある程度、**浸透する期間や量が必要**なのです。だから、その前でやめてはいけません。

また、マーケティングを行うときの心構えとして、**「思いついたものは、全部やる」**くらいの気持ちが必要です。

当然、見込み客のシチュエーションを考え、正しいと推測するものをやるわけですが、残念ながら、**やってみないとわからない**のです。意外に、期待していたものが当たらず、そうでないもので成果が出るなんてことがあるのです。

だから、一〇個思いついたら一〇個やるのです。それも一定期間やってみないと成果がわからないので、我慢してやってみます。その中で成果が出てきたものをさらにやる、という姿勢が重要です。

つまり、**いろいろなものをテストし、その中で特に成果が出たものをやっていく**わけです。これをテストマーケティングといいますが、**ライバルに勝つためにそれくらいの努力が必要になります。**

チラシ、DM、ウェブ、ホットペッパー、PPC、車内広告など、いろいろなものが浮かぶと思います。広告費用との兼ね合いはあると思いますが、効果が出そうなものはとにかく全部やってみる、それくらいの姿勢が必要です。

（2）複合、そして、口コミの力

以前にも増して、マーケティング手法一つでは成功しにくくなっています。

例えば、ホットペッパーに広告を出しさえすればよい、チラシを入れさえすればよい、ということはなくなってきているのですね。

組み合わせ、複合なのです。

少し前までなら、ウェブの力が大きくて、サイトさえつくってそこに誘導さえすればそれだけでお客様がきました。ところが最近は時代が変わり、それだけではお客様がくるということはなくなってきました。

なぜなら、お客様たちがわかってきているからです。

例えば、あなたが、温泉旅行に行こうと計画していて、旅館を探していると想像してみてください。

まず、インターネットで検索し、旅館を探し、ある旅館のホームページにたどり着きます。少し前であれば、このホームページがきれいであれば、それだけでイメージが膨らんで、その旅館を予約してしまったかもしれません。ところが、今はそうではありません。**ホームページを見ただけでは信頼しないのです。**どういう行動に出るかというと、他でも情報を確認するのです。例えば、友達に聞くとか、ネットの口コミで見てみるとか、専門雑誌でも見てみるとか、あるいは、過去にテレビの番組で放送されていたとか。そういう複合的な理由があって、ようやくここに行こうと決めているのではないでしょうか？

これを見てもわかるように、ウェブだけやりさえすればよいということはなくなってきていますし、そのウェブの中だけでもいろいろと手を尽くさなければ集客は難しくなってきています。

特に、今、フェイスブック、ＬＩＮＥ、口コミサイトなど、知り合いや有名な人の意見、あるいは、世の中の評価など、**「口コミ」の力が大きくなってきている**ように感じます。

「口コミ」を味方につけることを意識して、マーケティングを行うと、大きな成果を得られるかもしれませんね。

ワンポイントアドバイス

アドバイス①　「集客」とは、「新規客の獲得」のこと

アドバイス②　既存のお客様は、残念ながら減っていく

アドバイス③　「経営」に最も大切なのは、圧倒的な「集客力」

アドバイス④　新規顧客の集客と既存顧客の維持は、いわば車の両輪

アドバイス⑤　「マーケティング」「セールス」「売上」を考える上で、最も重要なフレームワーク、リード―CV―LTV

アドバイス⑥　フロントエンドとバックエンド、商材を分けて考えろ！

アドバイス⑦　お客様はイメージを買っている

アドバイス⑧　ウェブサイトがないのは、「儲かりたくない！」「お客くるな！」

アドバイス⑨　狙う魚（お客様）によって釣る道具は変わる

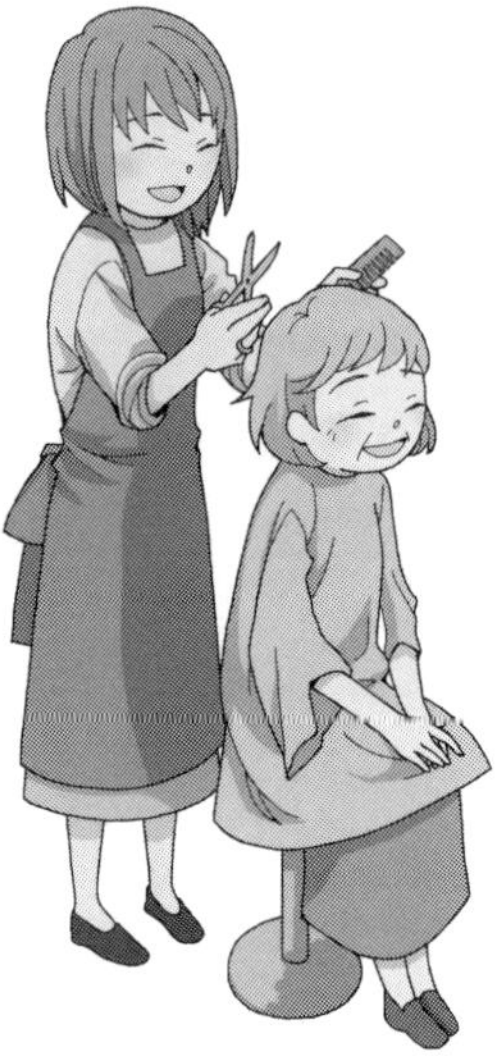

第3章

多店舗展開で一億円突破への道

—経営戦略と人材教育編—

技術者から経営者へ、「集客」から「人材」へ

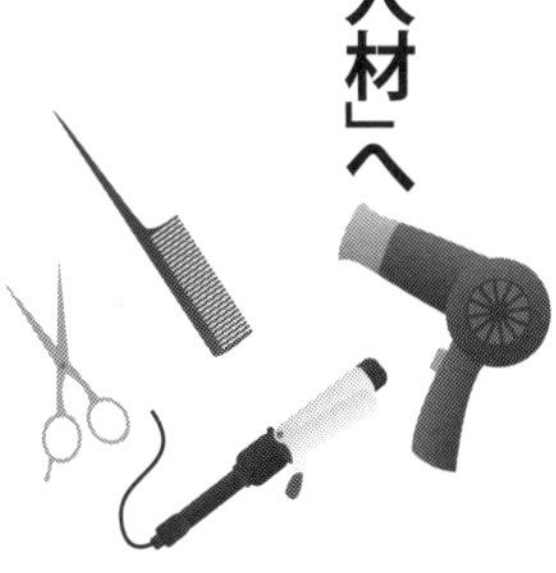

さて、一店舗の経営がうまくいくと、もちろんお店の規模にもよりますが、三、〇〇〇万円から五、〇〇〇万円ほどの売上に到達し、あなたの取り分も六〇〇万円から一、〇〇〇万円ほどになるかと思います。まずは一安心ですね。ただ、経営はこれで終わりではありません。むしろ、ここからがスタートです。今までは形態にかかわらず、いわば「個人事業」であり、これからが「経営」のステージとなります。スタッフ数も三～五人程度だったものが、多店舗展開すれば、少なくとも一〇人前後となるでしょう。もはや一技術者として対応することはできません。**あなたは、「技術者」から「経営者」に完全に脱皮しなければなりません。**

ここから進むか否か、大きな分かれ道となります。「事業」として考えれば、規模を追求していけば、当然、安定はしていきます。ただし、それにともなって、今まではなかったさまざまな課題が出現していきます。

とはいえ、一店舗規模にとどまるのが正解とは、そう簡単にはいえません。なぜなら、トップスタイリストでもある、あなたが病気となって働けなくなるリスクもあるでしょうし、スタッフが辞めていくリスクもあります。

どのリスクをとりどのリスクを捨てるか、スタイリストとしての道を追求するのかそれとも経営者となっていくのか、それはもちろんあなた次第です。でも、もしあなたが経営者としての道を追求するなら、ここから先の話はとても参考になるはずです。

多店舗化することの本当の意味 ——あなたの船はどこへ向かうのか？

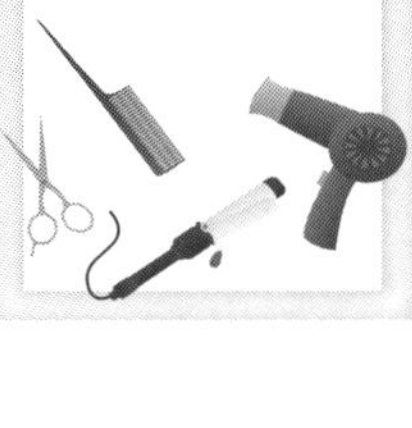

一店舗でとどまるか、それとも、多店舗化を目指すのか、それは大きな違いです。**同じ美容師、美容室オーナーではありますが、まるで別の仕事くらいの差が出てくることでしょう。**それはどういうことかを説明するとき、僕はよく船に例えます。

ここまでのあなたは、いわば内海、湾内を航行していました。食糧がなくなればすぐに陸に戻れるし、予想もつかないような嵐がくることも、得体の知れない怪物に襲われることもありません。いわば、自分のテリトリー内で勝負できたのです。売上規模にして三、〇〇〇万～五、〇〇〇万、人員にして五名前後の、個人事業（形態は法人だとしても）は、いわばそんな状態です。

ところが、多店舗に移行し、事業として拡大していくとなれば、そういうわけにはいけません。湾内から出て、大海原へ向かうことを意味します。これは、今までとは比べものにならないほどのリスクです。**今までの「ノリ」だけでは突き進めません。**相当な覚悟が必要になるのです。

だから、あえて湾内から出ない、それも選択肢だと思います。

しかし、それでも大海原に出るとしたら、何が最も重要でしょうか？

それは、「目的地」です。

大海原に出るためには、質量ともにクルー（スタッフ）を充実させなければいけません。そのときに必要なこと、それはこういうことです。

「うちの船は○○へ向かう。そこへ行くには相当な困難が待っているだろう。だけど、たどり着いたら、きっとそこでいい思いができる。財宝は山分けだ。そして、うちの船はこういうポリシーで行く。こういうルールで行く。さあ、**俺の船に乗らないか？**」

「目的地」が決まり、そこまでの経由地が決まれば、必要な食糧の量も決まるし、クルーの構成も決まるでしょう。想定される敵も決まるでしょうし、船の装備も決まってきます。そして、何よりスタッフそしてあなた自身の覚悟が決まります。想像を絶するような嵐や怪物と遭遇する可能性もありますからね。

とりあえず自分の分は食えるようになりました。この先、どうするか？

このタイミングで、当初描いていたビジョンを見つめ直し、キッチリと「目的地」を練り直す必要が生じるのです。

なぜ一店舗でとまる人が多いのか？

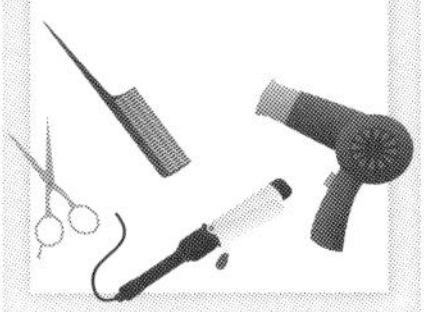

僕は、仕事がら美容室オーナーさん、中でも新規開業のときから関わることが多いのですが、そのうち一〇人中九人は、**「将来、多店舗にしたい」**とおっしゃいます。ですが、実際は、どれくらいの方が多店舗に移行されるでしょうか？

実際のところ、**二店舗目を出店される方が一〇人中一人程度、安定してくる三店舗以上となると、二〇〜三〇人に一人いるかどうかくらいです。**つまり、それくらい、多店舗に移行される方は少ないのです。

それは、なぜでしょうか?

いろいろな理由がありますが、最大の理由は**オーナーが疲れてしまう**、ということがあります。正直にいって、一店舗を成功させるのも簡単ではありません。ところが、ここまではやらざるを得なかったという事情もありました。借金を抱えてお店を出して、収入が入らなければ、自分自身の生活がままなりません。つまり、食えないわけです。ですから、「食うために」必死に働いてきたはずです。今まで経験したことのない事態が次から次に襲いかかったとしても、あなたは遮二無二、突っ走ってきたわけです。

ところが、二店舗目を出店するとなると、また同じようなリスク、苦労を負わなくてはなりません。今まで味わってきたから、その苦労は想像がつきます。一方、自分は充分「食える」ようになった。そういう中で、あえて再び困難に突っ込んでいく、それには相当な覚悟がいるように思います。そのため、「事業を安定させるには、規模があったほうがいい」と漠然と思っていたとしても、なかなか多店舗化に突き進むことができないのです。

それでも、なぜ多店舗に踏み出さなければならないのか？

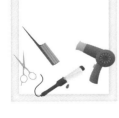

それでも多店舗化に踏み出さなければならないかについては、理由があります。それは、**「人は皆、歳をとる」**ということです。

例えば、

①あなた

あなたが今、三〇歳でオーナー・スタイリストとして、若いお客様に人気があって、毎月二〇〇万円切っている。それが未来永劫続くなら問題ありません。ところが、それが五〇歳、六〇歳になっても同じようにできるでしょうか？　既存のお客様は減っていくでしょうし、若者は若い人に切ってもらいたいでしょうし、よほどのカリスマにでもならない限り、おそらく難しいでしょう。

②アシスタント

二二歳のアシスタントがいたとします。あなたのお店には、オーナー・スタイリストのあなたを筆頭に、二八歳のスタイリストと、二四歳でもうすぐスタイリストデビューする先輩アシスタントがいます。しかし、このお店はセット面が四つ。**お店の中にセット面を増やすだけのスペースはありません。**とはいえ、オーナーは、お店を増やす気も拡張する気もありません。また、下の子を入れていくつもりもありません。

そんな状態がずっと続いたら、どうでしょうか？

そのアシスタントは絶望し、辞めるのではないでしょうか？　そして、今の時代、辞めたら補充は簡単ではありません。

「人」には人生があります。

最初は先輩について一生懸命技術を身につける。スタイリストになったら、お客様に気に入られ、売上を上げられるようになる。そのくらいまではまだいいですが、特に男性の場合、結婚して、子どもができれば、格段に「お金」が必要になります。さらに子どもが成長して高校、大学に行かせるとか、家を買いたいとなれば、必要な「お金」の額も変わってきますし、その頃には「地位」もほしくなってくるのではないでしょうか？

つまり、状況は変わっていくわけです。

そんなスタッフたちの将来まで考えた場合、もし本気でスタッフたちの幸せを願うとしたら、**方法は一つ。それは事業の拡大しかありません。**そして、それは、将来、歳をとってスタイリストとして機能しなくなり、自力で売上を上げられなくなる自分の利害にも一致する話なのです。

二店舗目は、多店舗化へ進むための「最大の壁」

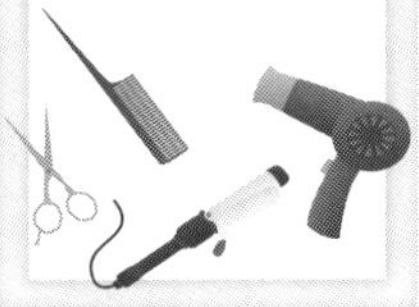

「多店舗化」を目指すとなれば、まず二号店を出さなければなりません。当たり前ですが、二号店なくして、三号店はあり得ませんから。ところが、この二号店が最大の壁なのです。

二店舗目で今後が決まります。

一店舗目でお客様をさばききれないくらいパンパンになるまで、ギリギリまで慎重にタイミングを見計らう必要があります。失敗すると打撃が大きいからです。ですので、

では、なぜそれほど二店舗目が重要なのでしょうか？

一号店→二号店というケースと、三号店→四号店というケースで考えてみましょう。**同じ出店でもまったくリスクが違うのです。**

まず財務面。

三店舗から四店舗目ということであれば、仮に失敗しても三店舗分の基盤がありますから、ダメージは小さくて済みます。例えば、既存店が、五〇〇万円ずつ利益を出していたとします。新店が赤字で一、五〇〇万円の損失を出して撤退となったとしても、五〇〇万×三―一、五〇〇万＝〇となって、トータルマイナスにはならずに済みます。この年は、ラクではないでしょうが、翌年以降には影響が出ないですみますね。

ところが、一店舗から二店舗目への移行のケースで、失敗して撤退となった場合、五〇〇万―一、五〇〇万＝▲一、〇〇〇万円となり、**一、〇〇〇万円の赤字**です。既存店の利益でまかないきれないので、大きなダメージを受けた状態で、今後の事業を行わなければならなくなります。

次に人の部分。

例えば、三号店→四号店のケースの場合はどうでしょうか？　仮にわかりやすく、一店舗当たりの適正の人員が五人だったとします。三店舗なら、一五人。四店舗なら、二〇人になりますね。仮に一五人の状態で、四店舗目を出店したとします。それでも、新店を含めた四店舗の構成は、均等に配分したとして、四人、四人、四人、三人。まあ、充分、かたちにはなりますよね。

ところが、一号店から二号店だとそうはいきません。

五人のまま、二店舗目を出店すると、二つのお店の陣容は、三人と二人になってしまいます。これで、もしすぐに誰か一人辞めることになってしまったら……。目もあてられない状態になってしまいます。

だから、スタッフを入れるタイミング、出店するタイミングをよくよく考えなければなりません。

二店舗目か、移転拡大か？

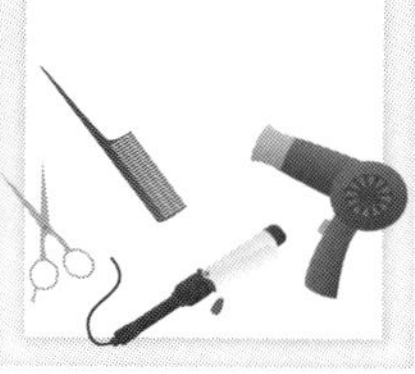

一店舗目が、パンパンになってきて、

「さてそろそろ次のステップを考えなければならないなあ。どうしようかな？」となったとき、とても悩むのが、

「二店舗目にいくか？　それとも、移転拡大するか？」ということではないでしょうか？

このときのポイントは、たった一つです。

それは、店長を任せられる「幹部」または「幹部候補」がいるかどうかです。

どういう人を「幹部」、「幹部候補」と呼ぶかは難しいところですが、このタイミングでは、「当面、辞めない人、裏切らない人」くらいのイメージでしょうか？　前の項でもいいましたが、**一号店→二号店という状態はとても不安定です。**だから、出店直後に、計算外の事態に直面することは、避けなければなりません。

すべてのスタッフに気を配らなければなりませんが、中でも「店長」が重要なのはいうまでもありません。

もし店長に、現金をちょろまかされるとか、出店直後に辞められるとか、ましてや、スタッフを数人連れて独立なんてされたら、目も当てられません。 だから、二号店の出店のためには、能力が飛び抜けていなかったとしても、最低限、**信頼できるという人物が必要となります。**

もしそういう人物がいないが、既存のお店ではパンパンで対応しきれないという場合は、「移転拡大」という方法になるかと思います。**移転拡大の最大のメリットは、常にスタッフを見られるということにあります。** 一〇人程度なら、何とか一人で見ることができるでしょう。いずれ、必ず幹部は必要になりますが、それまでの時間を稼ぐことができます。

一方で、**既存店出店時の内装などの投資がムダになる、また、せっかく実績をつくった場所を離れなければならないなどのデメリットもあります。** また、大きなお店をつくるとなると、出店費用も相当覚悟しなくてはなりません。

二号店を出店できれば、二番手に花をもたすこともできますし、それに続くスタッフたちにも「これからどんどん行くぞー！　だから、お前らにも夢があるぞ！」と示すことができます。社員のモチベーションを考えると、二号店を出店できるタイミングがくれば、二号店の出店を目指したいところです。

そのためには、最低限任せられる二番手をつくってこられたか、それが大きな判断基準になります。

二店舗目の立地は？

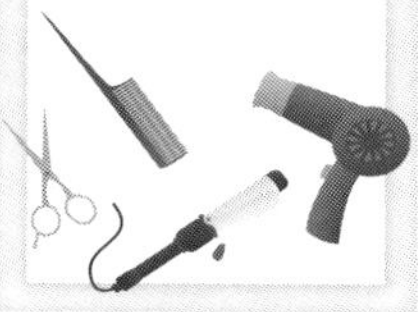

二店舗目の立地はとても重要です。僕であれば、次の三つの理由から、一号店の近くに出します。
一つは、組織管理上の観点。お店が二つになるということは、あなたがいないお店が必ず一つは存在することを意味します。新店、既存店、あなたがどちらかの店長を兼ねたとしても、もう一つの店舗は、誰かに任せなければなりません。よほど能力があって、かつ、信頼できる人がいれば、話は別かもしれませんが、通常は、店長に任せっきりにするわけにはいきませんので、**目が届く範囲内に**

二つのお店が存在し、いつでも確認できる状態にしておくのが好ましいと思います。

二つ目は、スタッフのやり繰りの観点です。一号店から二号店に移行する段階では、まだスタッフ総数が少なく、予約の状態によっては、人のやり繰りをする必要が生じます。そのとき、二つのお店が、「歩いて一〇分」とか近くであれば、充分、「ヘルプに入って、また戻る」というようなことが可能になります。これが遠いと分断されることになり、場合によっては、本店はスタッフが足りずにお客様を断っている状況、新店は集客がうまくいかず遊んでいる状況、なんてことになっても、手が打ちにくいということになります。

三つ目は、集客の観点。**地域が異なれば、お客様の客層も異なります。**そうなると、マーケティング・ツールも変わってきます。魚釣りに例えれば、釣る場所が大きく変われば、そこに住んでいる魚も変わりますから、ターゲットとすべき魚も変わります。当然、エサも変わるし、道具も変わることになります。これでは、せっかく一号店で培ったマーケティングのノウハウを活かすことができないですし、また一から手探りで集客方法をさぐらなければならず、二号店の集客にも時間がかかってしまうことでしょう。極端な例ですが、ターミナル駅と郊外を考えれば、集客方法がまったく異なるのは目に浮かぶでしょう。それほどまで極端でなくても、ちょっと駅が変わると、地域性や客質などマーケットがまったく変わったりします。ですので、出店前に慎重にリサーチして、同じような地域をさぐる必要があります。結果、同じマーケティングが活かせる場所、つまり「近く」が最も手っ取り早いという結論になるのです。

事業進展のために絶対必要なものとは？

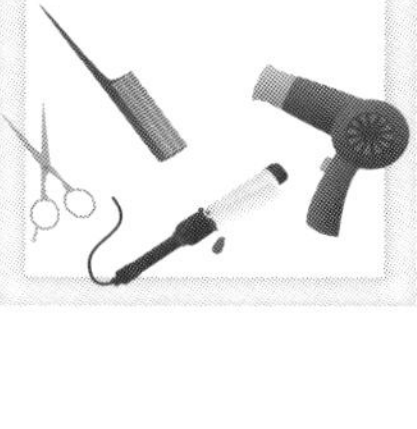

多店舗化を成功させる最大のポイントは「幹部」です。

美容室の多店舗化に限らず、中小企業の場合、事業の進展は、「幹部」で決まります。それくらい「幹部」が重要です。

一人で見られるのは、一説によると七人だそうです。だから、せいぜい直接見られるのは一〇人くらいでしょう。ましてや、多店舗化が進展し、あなたがいないお店が増えれば、「幹部」の重要性が増すのは、いうまでもありませんね。

規模が小さいうちは、社長とスタッフの距離感が近く、何かトラブルがあっても、**飲みにいってお互いじっくり話せば、翌日からスッキリ、**なんて感じでいけるでしょうが、規模が大きくなると一人ひとりにそこまで時間を割くこともできなくなり、コミュニケーションが希薄になりますから、社長と末端のスタッフとの距離感は必然的に出てくることになります。

その時に、間をつなぐのが「幹部」です。

「幹部」が、あなたの分身となり、時には社長の目が届かないところで、スタッフをしつけしたり、逆に、社長から直接叱られ、シュンとなっているスタッフに、「社長はさっきは怒ったけど、いつもお前は頑張っているって誉めていたぞ」なんてフォローしたり。

組織が、組織として機能して、大きくなっていくためには、あなたの考えをよく理解して、あなたのいないところでも、事業を自分のこととして捉えて動く「幹部」が必要になるのです。

幹部育成のポイントは？
——二番手だけでなく、三番手をつくる

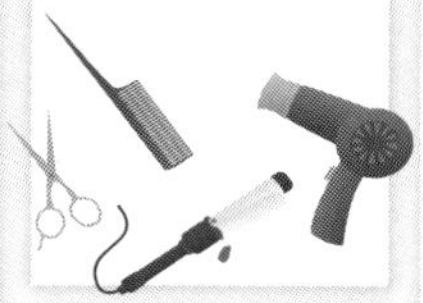

「幹部」が重要なことは、充分理解できたと思います。

さて、**「幹部」をつくるには、ポイントがあります。**それは、**二番手だけでなく、三番手、四番手を育成していく**ということです。

どういうことかといいますと、例えば、とてもよくできたナンバーツーがいたとします。彼は、スタイリストとしての腕も確かで、月に二〇〇万円も切っている。しかも、人間的にできたやつで、下のメンバーからの信頼も厚い。そこで、あなたは、とても信頼しきってしまい、彼にべったり、任せっきりで、三番手はまったく存在しないとなると、どうなるでしょうか？

このとき、一番こわいのは、オーナーとのパワーバランスが崩れることです。

オーナーからすると、このナンバーツーに辞められると困ります。売上は激減、ヘタすると、スタッ

フを何人か連れていってしまうかもしれない。あなたのお店は、ボロボロになりかねません。つまり、ナンバーツーの動向が、あなたのウィークポイントになってしまいます。

ナンバーツーがこれに気付き、横柄な態度に出てきたら、どうでしょうか?

例えば「俺に毎月一〇〇万円、よこせ。そうでなければ、スタッフ連れてやめてやるぞ」みたいな要求をされたら? そう想像すると、あなたはそのナンバーツーにビビって、遠慮して、いうべきこともいえなくなります。組織には規律が必要ですが、こうして規律が崩壊しかねないのです。

そうならないためにはどうすればよいのでしょうか?

その答えが、**「二番手、四番手をつくれ」**です。

重要なのは、「辞めたければ辞めれば? お前が辞めてもいくらでも替わりはいるぞ」といえる状況をつくることです。実際は、いわないまでも、言外に示す状況であることが重要です。そうすれば、組織の中のパワーバランスが崩れないで済みます。

もし、二番手と力の差のない三番手、四番手がいたとしたら、二番手はどう考えるでしょうか?

いつ自分の立場が脅かされるかわかりませんから、余計なことを考えにくくなります。つまり、オーナーと対峙することではなく、三番手、四番手に打ち勝って組織でポジションを築くことに目が向きやすくなるのです。

こうして、「幹部候補」が切磋琢磨して、成長していき、信頼できる「幹部」が何人も育てば、間違いなくあなたの事業の基盤は強くなっていくことでしょう。だから、二番手だけでなく、三番手、四番手をつくるということが大切なのです。

社員教育のポイント――業務の教育と人間性の教育。人間性の教育で差がつく

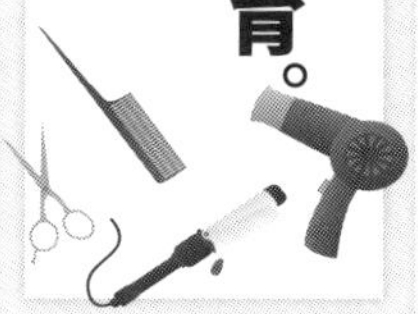

事業は、「人」で決まります。特にサービス業である美容業はなおさら「人」が重要ですね。だから、社員教育は欠かせません。

社員教育には、二つの観点があります。それは**業務と人間性**です。

僕がたくさんの美容室を見てきた印象としては、技術教育については、皆さん、割と意識が高く、実行しています。ところが、人間性の教育は、そうでもないところが多いのです。

「髪を切る。それによってお客様をきれいにする」

それを売り物にしている以上、美容師としての技術はもちろん大切ですが、実はリピートに差がつくのは、人間性のほうであったりします。お客様の中には、いろいろな方がいますから、一概にはいえませんが、意外にスタイルそのものではなく、「あの店員の話し方がきらい」とか**「態度がえらそう」**とか「受け答えがなってない」とか、**そういう部分がマイナスポイントになって、お店を変えている**可能性は大きいのでないでしょうか？

だから、技術教育はもちろんのこと、それ以上に人間性の教育を徹底する、そういう必要があるのです。

なぜ採用に力を入れなければならないのか？

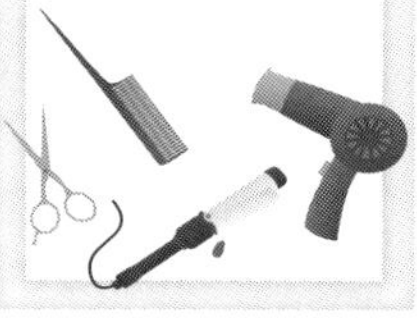

最近、美容業でよくこういう話を耳にします。

・アシスタントが辞めたけど、補充ができない。
・二店舗目を出すために募集をかけているけど全然応募がこない。
・熱意があっていい！　と思って採用したのに、一週間でトンズラ……。

なかなかスタッフを採用できない。ましてや「優秀な人材」を採用するとなると、気が遠くなるような話……。美容室オーナーと話をすると、とにかく人の採用で苦労している話を聞きますね。

でも、これ、当たり前の話なのです。**美容人口が減っていますから。**

例えば単純に美容学校の卒業生は、平成十七年の約二万四、〇〇〇人から、平成二十三年は約一万六、〇〇〇人になっています。これは、**三五％の減少**です。なんでも、人が欲しい美容室五店のうち四店は採用できない計算になるそうです。

「俺たち、美容業は大変だよなぁ」

そう思っています？

ところが、美容業だけが、採用に苦労しているわけではないのです。なぜなら、人口が減っているのは、日本全体にいえることだからです。内閣府のデータによると、若者（一五～二九歳）の労働力人口は、平成十四年が一、四八八万人、平成二十二年は一、一九〇万人。**八年間で、二〇％減。**

しかし、企業には「若手」が必要。

例えば、五〇代、六〇代だけ、おっさんが五〇人いる会社があったとしたら、どう思います？　これ、やばいですよね（笑）。どう考えてもこのままでは長続きしない。それに、フットワークが悪くサービスもイマイチそう。どうしたって、歳をとると腰が重くなりますからねえ。二〇代には二〇代の、五〇代には五〇代の役割があります。

つまり「企業の永続」、組織における「役割」を考えれば、どんな会社でも「若手」が絶対必要なのです。**だから、「若手」の争奪戦。**その上、アベノミクスで景気が回復。ちょっと前の日経新聞で「バブル期並みの就職率」って、出ていましたよ。

だから、『ゆとり世代』は使えねー」とかいっている場合ではなく、**実は「売り手」市場、争奪戦だということを強く認識する必要があるのです。**ある意味、集客以上に、力を注ぎ、根気よく対策を打ち続けなくてはならないのです。

「採用活動」は「集客」と似ているところはあるのですが、決定的に異なるのは、表面上の条件だけで呼び込むというのが難しいところです。例えば、集客であれば「初回二〇％オフ」とかできますけど、採用活動では「うちは、新人でも月給五〇万円出すよー。」とか、できないじゃないですか。当たり前ですけど（笑）。

とにかく重要なのは、「人」が事業継続の上で最重要ポイントであり、**「集客」と同様かそれ以上に「採用」に力を注ぐべき**と、いうことを強く認識することだと思います。

・紹介ルートを確立する方法

・とにかくたくさん採用して、ふるいにかける方法
・広告に力を入れる方法

その会社、お店によっていろいろな戦略があると思いますが、うまくいっているところは「人」の重要性を強く意識して工夫しています。

「仕組み」をつくる――属人的なものを排除し、自動的に動く仕組みをつくる

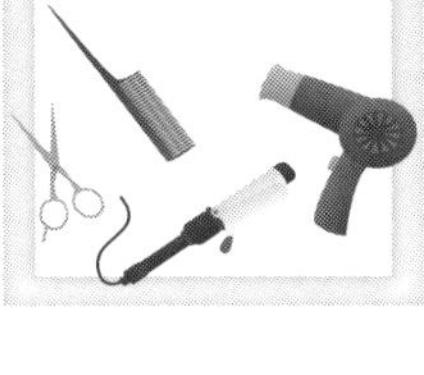

お店が増え、人が増え、自分の目が届かないところがたくさん増えてきます。それにもかかわらず、売上、利益を増やし続けるには、どうしたらいいでしょうか?

その答えが、「仕組み」です。

あなたが今、一店舗がうまくいって多店舗を検討している、あるいはすでに移行できたということは、おそらくお客様については「仕組み」がある程度できているということでしょう。集客の方法には自分なりの方法を確立しているし、既存客についても着実にリピートしているお客様がたくさんいるという状態になっていますので、売上についてはコントロールできるようになってきていると思います。それはつまり、意識しているかいないかどうかにかかわらず、「仕組み」ができているということです。

事業進展のプロセスの中で、こういう「仕組み」を増やしていかなくてはいけません。「スタッフが一生懸命会社のために働くような仕組み」、「毎年新卒が一〇人採用できる仕組み」、「時代が厳しくても、定期的に優秀なスタイリストが応募してくるような仕組み」。そして、さらに事業が進展してくれば、「簡単に出店ができて、すぐ収益が上がる仕組み」、「幹部が自動で育ってくる仕組み」。

このように整ってくれば、きっと、自動的に売上、利益が上がるようになってくるでしょうし、自分自身の力が限定される以上、そこを目指すしかないのです。もちろん、時代も状況も変わりますから、いったん確立したら、それでずっと大丈夫、そんなことはありません。メンテナンスしたり、よりよいものを追求していく必要はあるでしょう。ですが、できるだけ**属人的なものを排除していき、組織として確実に成長していく「仕組み」づくりを目指す、**そういう必要があるのです。

ワンポイントアドバイス

アドバイス①　「技術者」から「経営者」に完全に脱皮しなければならない

アドバイス②　多店舗化に踏み出さなければならない理由は、「人は皆、歳をとる」

アドバイス③　二店舗目で今後が決まる

アドバイス④　二号店の出店のためには、信頼できる人物が必要

アドバイス⑤　同じマーケティングが活かせる「近く」が最も手っ取り早い

アドバイス⑥　多店舗化を成功させる最大のポイントは「幹部」

アドバイス⑦　事業は「人」で決まる

アドバイス⑧　「若手」は争奪戦だということを認識する必要がある

アドバイス⑨　属人的なものを排除し、組織として確実に成長していく「仕組み」づくりを目指す

第4章

利益と税金は○○で変わる?

—お金編—

絶対得する節税方法とは?

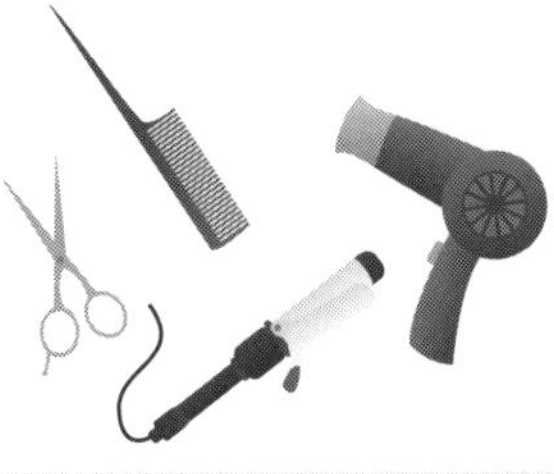

法人と個人、どちらでスタートすべきか？

「これから独立開業しようと思うんですが、個人事業主でやるのと、会社をつくるのと、どちらではじめたほうがよいですか？」

開業準備中の美容師さんから、よくきかれる質問です。

ではまず結論から。**最初は個人がおすすめ**です。

個人事業主としてお店をスタートし、営業が軌道に乗って、利益が出て、税金の負担が増えてくるあたりで、会社をつくるのがよいと思います。では理由をお話していきましょう。

（1）会社は設立するだけでお金がかかる

個人事業でスタートするなら、お店をつくってしまえば、営業をはじめられます。ところが、会社は「設立」という手続きをしないと、スタートさえできません。

会社を設立するには、「法務局」で手続きを行いますが、登録免許税などの費用だけでも、だいたい**二五万円**くらいはかかります（会社の形態や規模、手続きのやり方によって変わります）。手続きを代わりに行ってくれる司法書士などに作業を依頼すれば、その分の費用もかかります。

個人ではじめれば、こういった費用はいっさいかかりません。それでなくても開業時は出費が多いのです。最初は余分な出費がないほうがよいでしょう。

（2）会社には赤字でもかかる税金がある

個人事業で赤字になれば、基本的に税金の負担はありません。けれど会社の場合には、**赤字でもかかる税金**があります。均等割《きんとうわり》といって、一年で**七万円**ほどは、儲けがなくても払わなくてはなりません。お店が軌道に乗るまでは、わざわざ経費を増やす必要もないので、無理して会社をつくることはないでしょう。

(3) 会社にすると、オーナーは給料をもらうことになる

会社でお店を経営する場合、オーナーは社長になります。個人事業でスタートした場合、お店のオーナーにはなっても、社長にはなりません。**「独立=社長になる」**と思われがちですが、「社長」というのは、あくまでも会社組織がある場合のポジションです。

さて会社を設立して、社長になると、お店を営業して出た儲けから、オーナーも給料をもらうことになります。けれど、そもそもお店の利益が十分でないと、きちんと給料がもらえません。

個人事業の場合は、オーナーはお店から給料をもらわず、**お店の儲けがそのままオーナー個人の儲けになります**が、規模が小さいうちは、税金の負担はさほどでもありません。わざわざ会社にして負担や手間が増えるより、個人事業で営業しておくほうが無難です。

(4) お店に利益が出るようになってから会社にすれば、所得を分散して節税ができる

売上が増えて、利益も増えてくれば、個人事業で申告する際の税金の負担も増えていきます。**税金は、**

個人事業主と会社のメリット・デメリット

	個人事業主	会社
メリット	・開業に手間がかからない ・赤字なら税金がかからない ・申告書・決算書がシンプル ・社会保険の加入義務なし	・対外的な信用力が増す ・所得を分散できる ・給与所得控除が使える
デメリット	・会社に比べて信用力は低い ・青色事業専従者に給与を出すと配偶者（特別）控除は使えない ・任意で社会保険に加入してもオーナー自身は入れない	・設立にお金と手間がかかる ・赤字でも税金がかかる ・社会保険の加入義務がある ・申告書・決算書が複雑

儲けが一か所に集中すると、どんどん高くなる仕組みになっています。儲けが増えてくれば、会社をつくって、オーナーが給料をもらうことによって、**儲けを分散**する意味も出てきます。

（5）給与で受け取れば、給与所得控除が使える

オーナーが社長として給料を会社からもらう場合には、もらった給料にそのまま税金がかかるわけではありません。「給与所得控除」といって、経費のように差し引くことのできる部分があります。個人事業で一、〇〇〇万円儲けが出る場合と、一、〇〇〇万円を給料で受け取る場合とでは、給与所得控除が使え

る分だけ、**給料で受け取った方が得**する計算になります。

(6) 消費税の免税期間を長く使える

消費税の仕組みはあとで詳しくお話しますが、個人事業ではじめて、後で会社をつくることで、最大で四年くらい、消費税の申告と納税をしないで済む可能性があります。開業時点で会社をつくってしまうと、この期間はこんなに長くはとれなくなります。

(7) 会社の場合は社会保険の加入義務がある

健康保険と厚生年金に、会社として**加入する義務**があるため、その分、経費の負担が増えることになります。

美容業の場合、個人事業ならば社会保険の加入義務はないため、任意加入を選択しなければ、経費が増えることはありません。

経営が軌道に乗れば、社会保険も負担できるでしょうけれど、開業したてで、集客もどうなるかわからない状態で、いきなり何もかも整備するのは難しいでしょう。

このような理由から、**最初は個人事業でスタートして、お店が成長していく中で、会社をつくるこ**

とを検討していくことを、おすすめします。

個人事業の青色申告～お得な制度を使おう

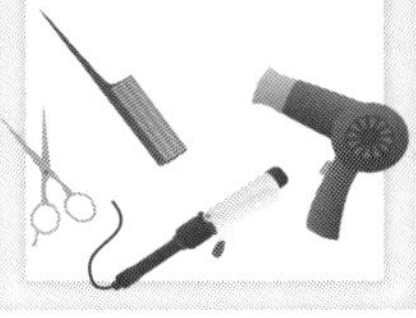

個人事業主として美容室をオープンすると、毎年、所得税の確定申告をすることになります。まじめにきちんと申告しようというのであれば、使った方が得する制度があります。それが**「青色申告制度」**です。

「青色申告」とか「白色申告」という言葉は、どこかで聞いたことがあるのではないかと思います。

青色申告というのは、**納税者にまじめにきちんと申告して、しっかり納税をしてほしい、**という国がつくった制度です。条件がそろえば、得する特典がいろいろついてきます。白色申告というのは、青色申告をしていない人が該当しますが、白色申告では、特典は使えない、ということになります。

どんな特典があるか、代表的なものをご紹介します。

(1) 青色申告特別控除

最大で六五万円を、お店の儲けから差し引ける、というものです。

国の税金である所得税と、地方税である住民税は、売上から経費を差し引いた、儲けにかかる税金です。儲けが多くなれば、その分、税金も高くなります。経費が多くなれば、儲けも少なくなるので、税金も少なくなります。けれど、経費が多くなるというのは、出費が増える、ということでもあります。

この青色申告特別控除の場合は、**お金の支出なしに、儲けから差し引いて、税金を少なくする**ことができます。六五万円差し引けることで、どれくらい税金が変わるのかと言いますと、所得税の税率が最低で五%、住民税が一〇%ですので、少なくとも**九万七、五〇〇円**、**税金が減る**ことになります。

プラスしていうと、通常は、国民健康保険も所得に応じて決まるので、青色申告特別控除が使えることで、**国民健康保険料の負担も減らす**ことができます。

（2）青色事業専従者給与

個人事業でお店を営業する場合に、一緒に暮らしている奥さんやお父さんに給料を出すとします。本来、この給料は経費になりません。けれども、青色申告で条件を満たしている場合には、奥さんやお父さんに支払う給与も、経費にすることができます。これが白色申告の場合だと、給料がそのまま経費にはなりません。

例えば、夫婦でお店をやっていて、ふたりともしっかり売上のあがるスタイリストというような場合には、オーナーのご主人から、専従者の奥さんに給与を出すことで、儲けが分散され、税金を減らすことが可能になります。**ただし、次のような条件があるので、その点は注意が必要です。**

- 青色申告をしていること
- 青色事業専従者給与の届出書を提出して、きちんと給与を払うこと

青色申告の代表的なメリット

青色申告特別控除	最大で 65 万円の特別控除が受けられる
青色事業専従者給与の必要経費算入	家族に支払う給与が経費になる
純損失の繰越し	赤字になった場合、翌年以降 3 年繰越して黒字と相殺できる

※ その他、減価償却や税額控除でもメリットがあります。

(3) 純損失の繰越し

開業初年度など、売上が伸びる前に出費ばかりがかさんで、赤字で一年が終わってしまうようなことも、よくあります。青色申告ではない場合は、自動的に白色申告になるのですが、白色申告だと赤字になっても、その年の税金が○円になるだけで終わりです。

一方、青色申告の場合では、赤字になった場合には**翌年以降三年間、赤字を繰越すことが可能**です。

例えば、次のような場合。

開業一年目三〇〇万円の赤字
開業二年目三〇〇万円の黒字
青色申告だと**前年の赤字と相殺**して利益をゼロにできるので、
一年目は赤字なので税金○円、
二年目も前年の赤字と相殺して税金○円

これが白色申告の場合では、一年目の赤字は、そこで切り捨てられてしまいますので、二年目の黒字の三〇〇万円にはそのままダイレクトに税金がかかってしまいます。

青色申告ならば、利益が出ていれば特別控除が受けられ、赤字が出た場合にも、純損失の繰越しができるので、**特に開業一年目に使えないとなると、かなりのデメリットが生じてしまいます。**

（4）注意点

いろいろメリットがある青色申告ですが、青色申告を利用して特典を受けるには、いくつか**条件**があります。

まず、一番大切なのが、**「青色申告の承認申請書を期限までに提出すること」**です。青色申告は、自動で使えるものではありません。やりたい人は「やりたいです！」という意思表示が必要です。やりたいことを伝えるためには、税務署に申請書を出さなくてはならないのですが、この申請書の提出期限が新規開業の場合「業務を開始してから**二か月以内**」と決まっています。

つまり、期限を過ぎてしまうと、その年は青色申告ができないのです。知らずに期限を過ぎてしまうと、損をしてしまいますので、注意が必要です。

次に、青色申告特別控除で六五万円の控除を使うための条件です。

①不動産所得又は事業所得を生ずべき事業を営んでいること
②正規の簿記の原則（一般的には複式簿記）に沿った記帳をしていること
③②の記帳に基づいて作成した貸借対照表と損益計算書を確定申告書に添付し、控除適用額を記載して法定申告期限内に提出すること

一つめは、美容室を経営していれば、クリアできる条件です。

二つめは、正式なルールにそって、きちんとした帳簿をつけている、ということ。

三つめは、確定申告書に必要書類を添付して、期限までに申告することです。

二つめ、三つめを自分でやるのは難しいかもしれませんが、税理士に依頼して、手助けしてもらうことで、クリアできます。

（5）なにが経費になるのか

お店の営業がスタートして、手もとにたまった領収書や請求書を見て、**いったい何が経費になるのか、**迷ってしまう、という話もよく聞きます。

「経費になる」、「経費で落とせる」という言い方をしますが、これは税金の申告の際に、売上を稼ぐために使ったものとして差引計算ができる、という意味です。経費になるかならないか、というのは**「事業のために使っているかどうか」**という考え方で判断します。

例えば、材料がなければお客様に施術ができませんから、材料を買うための支払は、経費になります。お店がなければ営業ができませんから、店舗の家賃も経費になります。

では、飲食代はどうでしょうか。まず、**オーナーの通常の食事代は経費にはなりません。**通常の食事は、お店を経営していなくてもかかるお金ですので、売上を稼ぐために使っているとは考えられません。この考え方でいくと、仕事に関係のある方との打合せや接待での飲食代であれば、経費と考えることができます。

個人事業の場合で、仕事でも、プライベートでも使う車があったとします。この車にかかる費用は、どう考えればよいのでしょうか。この場合は、**仕事で使う部分だけは経費**になります。休みの日に買い物に行くのに使うような部分は、経費にはなりません。

(6) 減価償却ってなんですか

「減価償却《げんかしょうきゃく》」ということばは聞いたことがあるけれど、何のことだかよくわからない、という方も多いはずです。

減価償却というのは、「長い期間使えるものは、使える期間の中で**少しずつ経費にする**」という制度です。これは、そもそも会計の用語です。

長い期間にわたって使うことができるものが対象となります。

ものを買ったときの支出を使える期間に配分して少しずつ経費に計上する、という手続きが減価償却です。

例えば、シャンプー台を八〇万円で購入したとします。お金は、お店に設置したときに全額キャッ

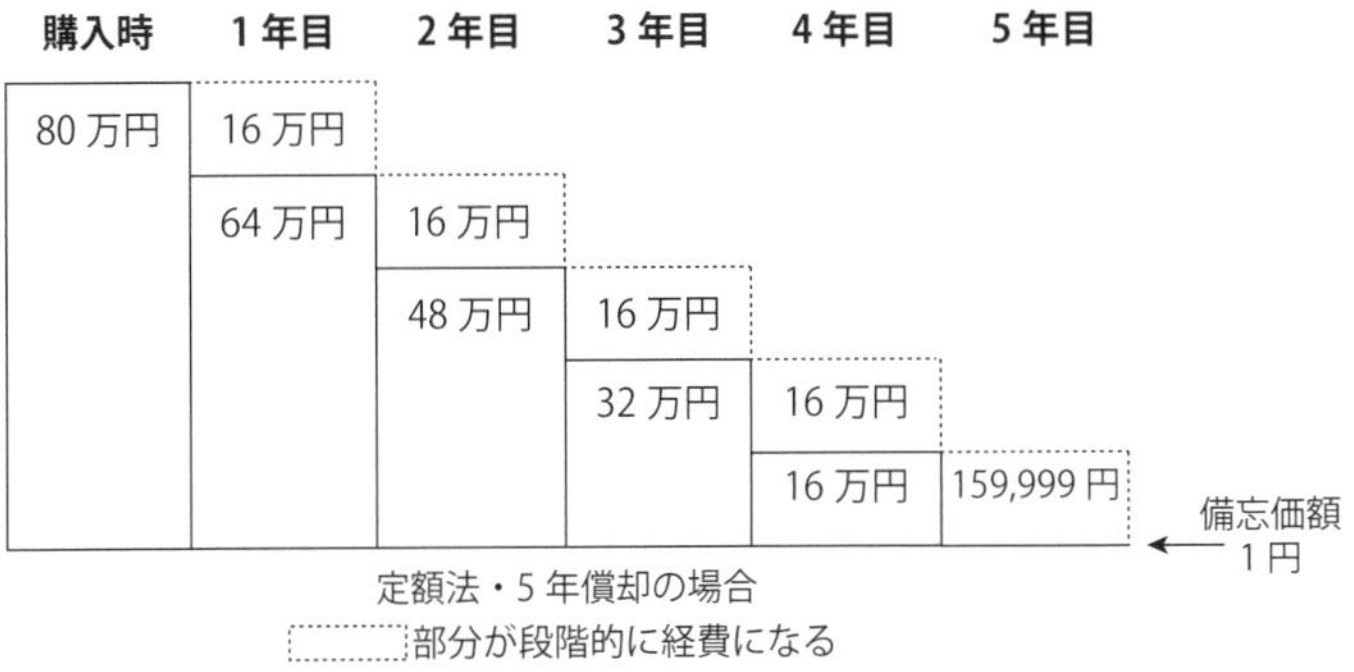

減価償却のイメージ

シュで払いました。この八〇万円は、お金としては買ったときにお店から出ていきますが、利益の計算上は、**買った年に全額を経費にはできません。**シャンプー台は何年も使用できるので、八〇万円を一定の期間内で、**段階的に経費にしていきます。**

なぜこんな面倒なことをするのでしょうか。

買った年にお金を払うのであれば、そのときに全額が経費になったほうが、わかりやすいように思えます。

仮にある年に、賃貸するための建物を、一億円で買ったとしましょう。

買ったはよいけれど、すぐ決算になって、この年は入居者はゼロ、収入もゼロだったとします。

もし、買った年に、建物一億円を全額経費にできるとすると、この年は収入がないので、大赤字です。翌年以降、入居者が入って収入が入るようになると売上があがって、利益がでてきます。けれど、その売上を生み出すもととなる建物の購入金額については、買った年に経費として処理してしまっているので、この期間でいくら儲かったのかがわかりづらくなってしまいます。

これを解決するための考え方が減価償却です。

建物が何十年も使えるのならば、その期間の間で、一億円を段階的に経費にしていくことで、**売上との対応がとれて、一年ごとの利益がわかりやすくなる**のです。

(7) 減価償却で得する方法(個人定率法選択、少額特例、一括償却資産)

個人事業の場合、減価償却費の計算方法は、原則、**「定額法」**というやり方になります。定額法というのは**毎年同じ金額**を減価償却費として経費にするやり方です。

わかりやすい例で簡便的にお話します。

仕事用に三〇〇万円の車を買ったとします。車は六年で減価償却をしていきます。定額法ならば、三〇〇万円を六で割って一年で五〇万円ずつを経費にすることになります。一方、減価償却の計算方法には、**「定率法」**というものもあります。三〇〇万円で買った車を定率法で計算した場合には、一年目は九九万九、〇〇〇円、二年目は六六万六、三三三円、三年目は四四万四、四四四円というように、

最初のうちに多めに経費にすることになります（平成二十四年四月一日以後取得の場合）。

定額法で計算した場合と比較すると、最初の頃に大きな金額が経費になりますので、その分儲けは減り、税金は少なくなります。

定率法で計算したい場合は、**税務署に届出を出す必要**があります。届出書の提出期限は、初年度は確定申告の日までなので、三月十五日に申告書を提出する時までに一緒に出せばよいのです。ですので、利益状況を見て、どちらかを選択することができるということになります。

青色申告をしている場合には、**買った年に、一気に経費にしてしまう方法**も選択できます。**「少額減価償却資産の特例」**といって、一つあたりの金額が**三〇万円未満**のものであれば、通常は何年間かけて、段階的に経費にしていくものも、全額を経費にできるのです。ただし、一年間で三〇〇万円まで、という上限があります。

一気に経費にしなくても、少し早めに経費にする方法もあります。

「一括償却資産」といって、一つあたりの金額が**一〇万円以上二〇万円未満**のものは、**三年間で均等に経費にすること**ができます。一二万円のパソコンであれば、一年あたり四万円が経費になる計算です。通常の減価償却をする場合、パソコンであれば、四年で経費にしていきます。これが三年で経費になるので、一年分の経費の金額が、通常の減価償却の場合よりも、大きくなります。また、この一括償却資産として取り扱った場合には、償却資産税という税金の対象からはずれることになるため、所得税や住民税以外の税金も、減らす効果が出てきます。

(8)所得控除で得をする(小規模共済)

個人事業主である美容室オーナーが、所得税がいくらかかるか、計算する場合には、「税金がかかる対象となる金額」を計算します。この「税金がかかる対象となる金額」は、お店の売上から経費を差し引いた儲けから、さらに「所得控除」というものを差し引いた金額になります。所得控除には、国民健康保険や国民年金を支払った場合の「社会保険料控除」や、生命保険を支払った場合の「生命保険料控除」などがあります。

確定申告をする際には、支払ったものにもれがないようにすることが、まず大切です。そして、お店の売上、利益が増えて、税金が高くなってきたなぁ、と思ったら、節税しながら、将来のたくわえをすることができる制度があります。**「小規模企業共済制度」**といって、**中小企業の事業主の退職金を準備する制度**です。毎月の掛金の上限が**七万円**ですので、年間で八四万円になります。これを払い続けていって、引退するときに解約すると、退職金として一時にお金を受け取ることができます。掛金の支払は、個人の税金の計算上、所得控除ができますので、税金が少なくなります。将来受け取る一時金は、退職金として受け取れば、退職所得として、税金が優遇されます。この制度は、個人事業のうちに加入して、その後会社を設立したとしても、引き続き加入し続けられる点も、メリットです。

(9) 消費税はいつからかかる?

勤務していた美容室を退職して、個人事業主として独立開業し、開業初年度の売上金額が一、二〇〇万円だったとします。さて、この開業初年度、消費税の申告と納税は必要でしょうか?

答えはノーです。

消費税の申告と納税が必要になるのは、個人事業主ですと、①**二年前の売上金額が一、〇〇〇万円を超える場合**、または②二年前の売上金額が一、〇〇〇万円以下だけれど、**前年一~六月の売上金額か給与支給額が一、〇〇〇万円を超える場合**です。開業初年度であれば、二年前は勤務中ですから、給与の受け取りがあるだけで、売上はありません。前年も、売上も給与支給もありません。ですから、開業初年度は消費税の申告・納税は不要となります。

では、開業して二年目はどうでしょうか。

二年前は売上がありませんが、前年に該当するのは開業初年度です。一~六月の売上金額か、給与支給額のどちらかが一、〇〇〇万円を超えていると、開業二年目から消費税の申告と納付が必要になります。

一～六月の半年間で一、〇〇〇万円ということは、一か月あたり一六六万円になります。仮に売上金額でこのラインを超えたとしても、スタッフ数が三～四人程度のお店であれば、給与支給額の合計で、下回ることもあるでしょう。

このように、消費税の申告と納付が必要かどうかは、過去の成績で決まります。小規模なお店であれば、開業してから二年くらいは、消費税の申告と納付が不要である場合が多いです。**三年目以降が要注意**、ということになります。

(10) 消費税のお得な計算方法（原則、簡易）

消費税の申告と納付が必要になると、当然、申告書を作成して、納税する金額を計算する必要が出てきます。**このときの計算方法が、二種類あります。「原則課税」**と**「簡易課税」**といって、二年前の売上高が五、〇〇〇万以下ならば、簡易課税を選択できます。**「原則課税」**は「お客様から預かった消費税と経費と一緒に支払った消費税の**差額**を納税する」制度です。

例えばお店の売上三、〇〇〇万円で消費税二四〇万円を預かったとします。一方で、お店が支払っている消費税もあります。材料代や家賃、水道光熱費、広告費などの支払をするときには、一緒に消費税も支払をしています。仮に消費税のかかる経費が一、〇〇〇万円で消費税八〇万円も支払ったとします。消費税の申告の際には、二四〇万円から八〇万円を差し引いた一六〇万円を納めることになります。これが原則課税の計算のしかたです。

一方、**「簡易課税」**では、売上を業種・内容によって六種類のカテゴリーに分けて計算します。美容室の技術売上は、五種というカテゴリーに入ります。五種の場合、**「支払った消費税は、預かった消費税の半分」と仮定して、計算**を行います。例えば、先ほどの例と同じ売上高三、〇〇〇万円の場合、預かった消費税が二四〇万円とすると、支払った消費税は五〇％の一二〇万円と計算して、差額の一二〇万円を納付することになります。「原則課税」の場合は、売上と経費の消費税をすべて計算しなければなりませんが、「簡易課税」であれば、売上だけを考えればよいので、原則課税よりも計算が簡単です。

そして「原則課税」と「簡易課税」では、どちらを選ぶかで、納税額を少なくできる場合があります。「簡易課税」のほうが有利になるのは、実際にかかる経費よりも、「簡易課税」で計算する経費のほうが多くなる場合です。ここで注意が必要なのは、経費のなかには、消費税がかかるものとかからないものがある、ということです。

美容室の一番大きい経費はスタッフの給与、「人件費」ですが、**給与には消費税が含まれていません。**ですので、一般的な美容室が経費と一緒に支払っている消費税は少なくなります。すると、本来だったら預かった消費税のほとんどを納めなければならないことになります。

けれど「簡易課税」を選択することで、支払っている消費税を多く計算できるので、その分、納税を少なくすることができるのです。

(11) 届出を忘れるととんでもないことになる（簡易選択）

納税が少なくなり、計算方法が簡単なのであれば、「簡易課税」を使いたい、と思われるでしょう。

ここで注意が必要です。

「簡易課税」を選択するには、前年までに税務署に届出書を提出しておく必要があります。来年から消費税の申告と納付がある、という場合には、今年中に届出を出しておかないといけない、ということです。もし知らずに届出を出さないでいたらどうなるかというと、**自動的に「原則課税」**が適用されます。**後で気づいても遅いので、注意が必要です。**

「簡易課税」を選択する場合の注意点が、あと三つあります。

一つめは、一度「簡易課税」を選択すると、**二年間は「原則課税」に戻せない**、という点です。二店舗目の出店で、大きな支出があったような場合でも、「簡易課税」では一切考慮されないので、近々出店を考えているような場合は、それをふまえて考えなければなりません。

もう一つは、二年前の売上高が五、〇〇〇万円を超えると、自動的に「原則課税」になってしまう、という点です。届出を出してあっても、条件が変わると「簡易課税」が使えなくなりますので、申告のときに間違えないように注意が必要です。

最後が、「簡易課税」の利用を**やめる場合でも、届出が必要**だという点です。やめる場合の届出も、前年までに提出する必要があります。二年前の売上高が五、〇〇〇万円を超えて「原則課税」になってしまった場合でも、「簡易課税」をやめたわけではありません。売上高が五、〇〇〇万円以下に戻れば、また「簡易課税」に自動的に戻ります。

なぜ会社にすると得なのか

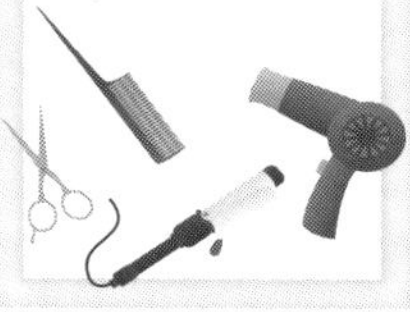

（1）節税、信用面

お店を会社という形態で経営することのメリットは、先にお話しした節税という面だけではありません。

対外的な信用力があがる、という点もメリットの一つです。美容室にとっての「対外的」というのは、大きく分けて二つでしょう。一つは金融機関、もう一つは求職者です。

金融機関は、資金を貸してくれる相手です。お店が会社組織であるほうが、お金を貸す側の信頼はあがるでしょう。また、美容室に限らず、働き手の減少によって、人材の確保は年々難しくなっています。職場を探している人にとって、魅力があるお店はどんなお店でしょうか。個人事業主が経営していて社会保険に加入していないお店と、会社経営で社会保険完備のお店とでは、どちらが魅力的に見えるでしょうか。事業としてお店を継続していくことを考えた場合にも、会社組織にすることには、メリットがあるのです。

(2) 消費税の免税期間(新設法人に注意)

節税の観点から、会社にすることのメリットをもう少し考えていきましょう。

まず、消費税の申告と納税について。

消費税がいつからかかるか、というのは前にお話ししたとおりです。

売上と給与の規模で、最初の二年くらいは免税となる場合が多いのですが、個人事業でスタートして、途中で会社を設立した場合、会社は会社で免税の期間を考えます。個人事業と会社は税法上、まったく別ものなので、会社を設立した一年目は、二年前も前年も売上なし、という状態になるのです。すると、お店の規模にもよりますが、会社を設立してからも、二年くらいは消費税の申告と納税が不要となります。

ただし、個人事業と違って、会社の場合には、設立する際の注意点があります。**資本金の金額が一、〇〇〇万円以上の会社は、設立初年度から、消費税の申告と納税が必要になります。**ですので、会社設立の際には、資本金の金額を一、〇〇〇万円未満に設定する必要があります。

また、基準期間相当期間の課税売上高が五億円を超える事業者などが五〇％超の出資をして設立した資本金一、〇〇〇万円未満の会社（特定新規設立法人）については、事業者免税点制度が適用されません。共同出資でスタートするような場合に、一緒にやる相手によっては注意する点が出てくるということです。

（3）会社の青色申告（届出期限、個人との違い）

個人事業と同じように、会社にも青色申告制度があります。

ただし、内容は個人と会社で少し違います。

まず、届出の期限です。会社を新規に設立した場合、設立初年度から青色申告にしたければ、**設立から三か月以内**に届出を提出する必要があります。次に、会社の場合には、青色申告特別控除はありません。会社というのは、儲けを得るためにつくる組織ですから、利益が出ればそれに応じて税金を負担する仕組みになっています。事業専従者も会社の場合には存在しませんので、専従者給与もありません。ただし、オーナーの家族が会社が経営するお店で働くのであれば、一般の従業員と同様に、給与を支給することは可能です。

個人の税金・会社の税金（儲けにかかる税金の種類）

	個人	会社（中小法人）
国	所得税	法人税
地方公共団体	住民税	住民税
	事業税	事業税

純損失の繰越控除は、欠損金の繰越控除という形で、会社にも存在します。**赤字を繰越す期間**は会社の場合のほうが長く、**九年間**とされています（平成二十九年四月一日以後に開始する事業年度において生ずる欠損金額の繰越期間は一〇年）。

（4）税率構造の違い

会社の場合は、儲けが出た場合、**「法人税」**という税金がかかります。**個人の場合**は**「所得税」**です。法人税も所得税も国の税金ですが、計算方法は異なります。個人事業で経営している美容室ならば、売上から経費を差し引いた儲けを計算し、そこから青色申告特別控除や所得控除を引いた金額に、税金がかかります。所得税の税率は最低が五％、最高が四五％です（平成二十七年以降）。儲けが増えれば増えるほど、税金が高くなる仕組みになっています。

同じ美容室でも会社経営の場合は、売上から経費を差し引いた儲けに、税金計算上の調整を加え、そこに税金がかかります。

お店の儲けには、国の税金以外に、地方税もかかります。地方税には「住民税」と「事業税」がありますが、個人の場合は「個人住民税」、「個人事業税」、会社の場合は「法人住民税」、「法人事業税」となっていて、計算方法はそれぞれ異なります。法人税の税率は長期的に下がる傾向にありますが、中・小法人の実効税率はおよそ二二～三五％くらいです。

同じお店でも、個人事業であれば個人に、会社経営であれば会社に税金がかかります。会社経営にした場合には、個人事業のときと違い、オーナーが役員となって、お店から給料（役員報酬）を受け取ることになります。仮に、個人事業のときにお店の利益が一、〇〇〇万円あったとすると、会社経営にした場合には、この一、〇〇〇万円の中から、オーナーに役員報酬を支払うことで、会社に残る儲けが少なくなり、税金もその分少なくなります。役員報酬を五〇〇万円にするとすれば、会社の儲けは五〇〇万円、個人の給与収入も五〇〇万円ですから、個人事業のときよりも、オーナー個人の取り分が減り、その分個人の税金も少なくなります。

税金は、一か所に儲けが集中すると、高くなる仕組みになっています。お店を会社で経営することによって、**会社とオーナー個人に儲けを分散**し、**それぞれの税金を少なくする**ことができるのです。

（5）給与所得控除

お店を会社経営にしてオーナーに役員報酬を支払った場合、オーナー個人は給与収入があるということになります。役員報酬が年五〇〇万円だとすると、この五〇〇万円に、そのまま税金がかかるわけではありません。給与収入からは「給与所得控除」といって、サラリーマンの概算経費のようなものを、差し引くことができます。役員報酬五〇〇万円ならば、給与所得控除は一五四万円、差引の儲けは三四六万円になります。個人事業で五〇〇万円の儲けが出ているとすると、青色申告でも特別控除は最大六五万円しかありません。所得控除は給与でも事業でも同じですので、給与所得控除が使える分だけ、個人の税金の負担は少なくなることになります。

（6）経費で節税〜社宅

会社の場合、**役員が住む住宅を社宅にすると**、家賃を会社で負担し、経費にすることができます。

通常は、役員が会社から受け取る給与の中から、自分の住む住宅の家賃を負担しますが、給与として受け取る場合、そこには当然、所得税、住民税がかかります。

そこで、大家さんとの賃貸借契約を、**会社名義に変更**し、会社から大家さんに家賃を支払います。

そして役員は会社に、家賃の個人負担額を支払います。こうすることで、会社から直接大家さんに支払う社宅家賃は会社の経費となり、役員が個人で負担する金額は、家賃よりも少ない金額で済みます。そして役員個人が給与としてもらわなければ、そこに所得税や住民税はかかりません。

節税としては効果的ですが、役員個人で契約している住宅の家賃を、会社が代わりに支払うだけでは、税法上の社宅としては認められません。また、役員の個人負担なしで、家賃の全額を会社負担としてしまうと、家賃が役員報酬とみなされてしまい、効果がなくなってしまいます。税法にもとづいた計算式で計算した金額以上の家賃負担額を、役員個人で負担しなければなりません。この点は注意が必要です。

（7）経費で節税〜生命保険

オーナー個人が生命保険に加入して保険料を支払った場合、たとえ年間一〇〇万円を支払ったとしても、生命保険料控除で控除できるのは、最大で一二万円だけです。**この生命保険契約を、会社名義で行うことで、節税と役員の退職金の準備をすることができます。**

会社名義で生命保険の契約をし、被保険者をオーナー、保険金の受取人を会社とします。役員の退職時期にあわせて満期がくる、または解約した場合の返戻額が多くなるように契約内容を設定します。

一般的に利用される生命保険の場合は、支払った保険料の半額が経費になります。役員の退職があった場合には、保険金を受け取って、それを元手に、役員に退職金を支払います。保険金が会社に入ると、経費にしていた部分については、会社には儲けが出ますが、退職金が経費になるため、会社には税金はかかりません。また、退職金を受け取る役員個人としても、**給与（役員報酬）として受け取るより**も、**退職金として受け取った方が、個人の税金が優遇され、手取り金額が多くなります。**

（8）分社化

個人事業で多店舗展開した場合、儲けが増えれば増えるだけ、オーナー個人の税金が高くなっていきます。個人事業の場合は、たとえお店が分かれていたとしても、経営する名義がオーナー一人であれば、税金計算上はすべてのお店の儲けをオーナー一人のものとして、合計しなくてはならないからです。

一方、会社でお店を経営する場合には、**お店ごとに会社を分けることが可能**です。

一店舗で三〇〇万円儲けが出ているお店が三店舗あったとします。個人事業の場合は、三〇〇万円×三＝九〇〇万円がオーナーの儲けになります。これが会社の場合、一社なら儲けは九〇〇万円ですが、店舗ごとに会社を設立すれば、それぞれの儲けは三〇〇万円ですから、それぞれ、低い税率が適用される範囲に儲けを抑えることができます。また、三店舗の売上を合計すると、売上高が五、〇〇〇万円を超えて、簡易課税が使えない場合でも、店舗ごとに会社を設立すればそれぞれで簡易課税が使える可能性もあります。

会社であれば、会社を分ける、分社化することで、節税することができるのです。

（9）決算期

個人事業の場合、一年は一月一日から十二月三十一日までで区切られ、基本的に全員共通です。これが会社の場合には、**「決算期」を自由に決めることができます**ので、必ずしも一〜十二月で一年に設定する必要はありません。美容室であれば、十二月や三月は忙しい時期ですから、そういう時期を避けて、七月や八月を決算期に設定することも可能です。

会社にした場合のデメリット

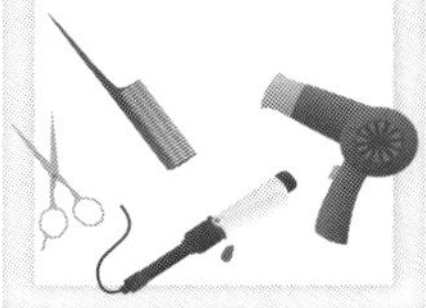

会社にするのは**メリットだけではありません**ので、デメリットも確認しておきましょう。メリットとデメリットを理解したうえで、それでも会社にしたほうがよいかどうかを検討してください。

第4章の最初にお話ししたとおり、会社はつくるだけでお金がかかりますし（設立費用がかかる）、会社があるだけで税金がかかります（均等割がかかる）。また、社会保険の加入義務がありますから、個人事業であれば、かからなかった社会保険料の負担が発生します。

それ以外の点を、いくつかお話ししていきます。

（1）決算書類、申告書類が複雑で提出先も増える

個人事業の場合は、所得税の確定申告書を税務署に提出します。税務署に提出することで、個人住

会社にした場合のメリット・デメリット

メリット	デメリット
・信用力があがる	・設立には費用と手間がかかる
・所得の分散ができる	・赤字でも税金がかかる（均等割）
・分社化できる	・決算と申告が複雑
・決算期を選べる	・税務調査が入る可能性があがる

民税と個人事業税の申告も、あわせて行うことになるため、あちこちに書類を提出することはありません。申告書もシンプルで、青色申告の場合に添付する青色決算書も四ページしかありません。

これが会社になると、決算報告書のほか、勘定科目内訳明細も作成し、税務署、都道府県、市町村のそれぞれに、申告書を作成して提出しなければなりません。申告書は用紙も別々、税金の計算方法もそれぞれ異なります。

(2) 申告と納税は、期末から二か月以内

個人事業の場合は、一年が十二月三十一日で終わり、翌年の三月十五日までに所得税の申告と納税をすることになります。申告書の提出と納税までには二か月半の期間がありますし、さらに振替納税を利用すれば、納税は四月後半まで引き延ばすことが可能です。

会社の場合、通常は**決算期末から二か月以内に申告と納税が必要**になります。個人と同じ十二月で決算にしても、申告と納税の期限は二

月末で、個人よりも締め切りまでの期間が短くなります。また、会社の場合は**振替納税はありません**ので、原則、二か月以内に納税をしなければなりません。決算・申告・納税のスケジュールは会社のほうがタイトである、ということです。

（3）税務調査が入る可能性が高くなる

税務調査、というのはどんなものなのかご存知でしょうか。

税務署に提出した申告書が、正しく作成されたものかどうかを、税務署の調査官が調べにくるのが税務調査です。所得税にしても、法人税にしても、税務署の職員が申告書を見ただけでは、どんな取引が行われているのか、そしてその取引がどのように経理処理されているのかは、わかりません。そこで、申告書のもとになる帳簿を見たり、帳簿作成のもとになる売上伝票や仕入れの請求書、経費の領収書などを見たりして、内容と処理を確認します。お店のオーナーに話を聞いて、どんなふうに営業が行われているかも確認します。**おおよそ一～二日くらい、実際にお店や事務所に調査官がやってきて、このような確認作業を行うのです。**

正しい処理をしていれば、堂々と答えればよいだけですので、時間と手間はかかりますが、不必要に心配することはありません。この税務調査、個人事業の場合は、あまりやってくる機会はありません。

個人の納税者はたくさんいますので、とてもではありませんが、すべてを細かく調べるのは、難しいのです。

ちなみに所得税の確定申告をしている人の数は、国税庁のレポートによると、平成二十六年で二、一三九万人にのぼり、国民の六人に一人が確定申告をしている計算になります。

一方で、会社は個人にくらべると、数がずっと少なくなります。国税庁の発表によると、平成二十五年度の法人の申告件数は二七七万一、〇〇〇件でした。しかも、営利目的、つまり儲けるために事業を行うのが法人（会社）ですから、儲けに対する税金をきちんと納付してもらうために、税務署も人員をさいて、調査にやってきます。このような理由で、法人のほうが、個人事業よりも、税務調査がやってくる可能性は、高くなるといえます。

決算と利益

（1）決算書は未来を考えてつくる

個人事業でも、会社であっても、一年が終わると「決算」を行います。

一年間の売上がいくらあったのか、売上を稼ぐのにどんな経費がどれくらいかかったのか、そして差引の儲けはいくらだったのかをまとめあげるのが決算であり、まとまった数字を書類にしたものが「決算書（決算報告書）」です。決算書は、過去の結果をまとめたものですから、誰がつくっても同じだと思われるかもしれません。

ところが実は、そうではないのです。

経理処理や税金計算にはルールがあります。そして、これがなかなかやっかいです。経理ソフトを買ったり、クラウドのシステムを利用したりすれば、自分で入力して、決算書のかたちをつくること

はできます。けれど、ルールに沿った正しい決算書をつくるには、知識が必要です。

オーナー夫婦がふたりだけで営業しているようなお店であれば、決算書をつくるのは税金の申告が目的でしょうから、決算書を見るのは税務署だけです。多少おかしなところがあったとしても、納税さえきちんとされていれば、何かいわれることはありません。手元にお金を残したいと思えば、できる限り儲けを少なくして、節税するのもよいでしょう。

しかし、決算書を見るところが、**税務署以外**に出てくる場合があります。それは金融機関です。

二店舗目を出したいので借入れをしたい、という場合、資金が不足していれば、金融機関に借入れを申し込むことになります。金融機関は、審査のために「決算書と申告書を提出してください」といってきます。そのとき、もし、ほとんど利益が出ていない決算書を見たとしたら、金融機関はお金を貸してくれるでしょうか。もし、おかしな数字がある決算書を見たとしたら、その数字を信用してくれるでしょうか。

あまり深く考えずに、とりあえず、で決算書をつくってしまうと、未来に影響が出てくる可能性があるのです。

将来、お店をどうしていきたいのかを考えたうえで、きちんとした決算書をつくっておくことが、大切です。

（2）税理士で利益が変わる、税金も変わる

美容師さんは美容の専門家なのであって、経理や税金の専門家ではありません。わからないことがたくさんあって、当然です。

お店を経営していくうえで、**経理や税金について、専門家の知識を借りたいのであれば、税理士をうまく活用してください。**

税理士は、納税者の求めに応じて、税金の申告書を作成したり、税金に関する相談に乗るのが仕事の専門家です。個人事業主や会社の決算書や申告書の作成をしてくれますし、わからないことがあれば、教えてもらえます。

所得税や法人税といった税金は、利益に対してかかります。計算式を簡単にいうと

「利益」×「税率」＝「税金」

です。

税率を変えることはできませんから、単純に考えると、税金は誰が計算しても変わらないと思うか

もしれません。けれど実は、**税理士によって利益は変わります。**税理士が作成することで、ルールにそった、きちんとした決算書はできあがります。けれど、**オーナーの意向にあわせて、どういった決算書をつくるのか、はその税理士次第です。**

一年が終わってから、資料をかき集めて、申告と納税のためだけに決算書をつくっていたのでは、未来を考えた決算書はつくれません。決算前に途中経過をまとめ、決算の予測をたて、オーナーが今後お店をどうしていきたいのかを聞き取ったうえで、決算書をつくるのとでは、できあがるものはまったく異なってきます。決算前に予測ができていれば、事前の準備や対策もできますが、一年が終わってしまってからでは、どうにもできないことも多いのです。

そして、利益が変われば、税金の金額も変わってきます。

節税をしたいのか、今後の借入れに備えておきたいのか、**そのときそのときの目的にあわせて決算書をつくる相談ができる相手**として、税理士を選んでほしいと思います。

(3) 税理士の選び方

頼れる専門家として税理士を選ぶ場合、どんなところをポイントにしたらよいでしょうか。まずは、一口に税理士といっても、どんな人たちがいるのかを、お話ししておきたいと思います。

税理士として登録している人の数は、全国で約七万五、〇〇〇人です（平成二十七年十二月末時点、日税連発表）。

このうち、**六〇歳代以上が全体の半分以上を占めています。**女性は、以前の統計で一二〜一三%くらいでしたので、おじいちゃんの多い業界といえると思います。

次に、この人たちがどういう方法で税理士になったか、です。

美容師免許は国家資格ですから、免許を取るためには試験に合格する必要があります。税理士も同じように国家資格なのですが、実は「税理士」と名乗る人すべてが「税理士試験」に合格しているわけではありません。試験を受けずに税理士になっている人も存在します。

税理士になるには、**四種類**の方法があります。

①税理士試験に合格する

②税務署の職員を一定年数やる

③大学院に行って、試験の免除を受ける

④弁護士、公認会計士になる

税理士試験では、五科目の試験に合格しなければなりません。ところが**試験に合格して税理士になっ**

ているのは、全体の半分以下です。税務署の職員を一定年数やると、試験が免除になります。そのため、税務署出身者、いわゆる税務署OBの数は多いです。それから、大学院で修士号を取得し、税理士試験の免除を受ける方法でも、税理士になることができます。

平成十三年以前は、法学系、経済学系の二つの大学院で修士号を取得すれば、税理士試験をまったく受けずに、資格を取得することができました。現在では最低二科目は合格しないといけない仕組みに変更されていますが、**過去に税理士になった人には、無試験で資格を得た人もいるということです。**

また、税理士としての仕事がしたければ、弁護士と公認会計士の資格があれば、登録さえすれば、税理士になることができます。弁護士はいうまでもなく法律の専門家で、公認会計士は本来、大企業の監査を行うのが本業です。

税理士といっても、どんな経緯で税理士になったかだけでも、大きく分けてこれだけ違ってきます。年齢も事務所の規模もさまざまですから、どんなことを得意としているか、どんなサービスを提供してくれるのかには、当然、違いが出てきます。

年配の税理士であれば、キャリアがあって安心感があるかもしれませんが、新しいサービスへの柔軟な対応が難しいかもしれません。実際にあった話ですが、電子メールが使えないので、資料を送るならファックスにしてほしいと税理士にいわれて、あまりにも大量なので困った、という話を聞いたことがあります。

美容師さんにもいろいろな方がいるように、税理士もいろいろです。

税理士事務所、会計事務所は、全国に約三万もありますから、そのサービスもさまざまです。**自分のお店にあったサービスを提供してくれるかどうか、親身になって相談に乗ってくれるかどうか、**よく聞いて選んでほしいと思います。

ワンポイントアドバイス

アドバイス①　法人と個人、最初は個人がおすすめ

アドバイス②　お店に利益が出るようになってから会社にすれば、所得を分散して節税ができる

アドバイス③　給与で受け取れば、給与所得控除が使える

アドバイス④　青色申告～お得な制度を使おう

アドバイス⑤　会社にすると対外的な信用力があがる

アドバイス⑥ 会社にすると決算書類、申告書類が複雑で提出先も増える

アドバイス⑦ 決算書は未来を考えてつくる

アドバイス⑧ 税理士で利益、税金が変わる

おわりに

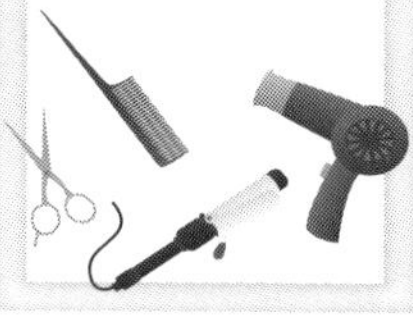

いかがだったでしょうか？
一億円突破への道筋は見えたでしょうか？
ワクワクしていますか？
それとも、少し足がすくんでしまっていますか？

いずれにしても、これからいろいろなことが起こると思います。
嬉しいこと、辛いこと。おそらく辛いことの方が多いでしょう。

そんなとき、乗り越えられるかどうか？

それは、あなたの「やる気」にかかっています。
あらゆる困難を乗り越えて、栄光にたどりつく。
そうできるかどうかはあなた次第です。
ぜひ頑張ってください！　応援しています。

よく言われますが、経営者は、本当に孤独です。「経営」は、本当に分からないこと、悩むことの連続です。未経験のことばかりなのに、答えが正しいかどうかも分からないのに、あなたは一人で決断しなければならないのです。

そんなとき、相談できる人がいるのといないのとでは、結果も大きく違ってくると思います。
もし、あなたが、あなたとともに悩み、考えてくれるパートナーを欲しいと思ったら、ぜひご連絡ください。その時は、僕たちベネフィットグループのメンバーが、気持ちを込めて、全力でサポートさせていただきます。

僕たちは、いつも、いつでも、あなたを応援しています。

美容室経営コーチ・税理士　田崎裕史・伊澤真由美

【著者プロフィール】

田崎　裕史（たさき　ひろぶみ）

栃木県宇都宮市出身。同志社大学商学部卒。税理士・美容室経営コーチ。美容室経営研究会「ビューティベネフィット」主催。ベネフィットコンサルティング（株）代表取締役、ベネフィット税理士法人代表社員。前職では商社の営業マンをしていたという経歴を持つ。開業時の最初のお客様が美容師さんだったというご縁もあり、美容業特化の税理士となる。美容室経営に関する無料メルマガを毎日配信しており、現在、登録者は2,000人を超えている。現在は、自らの経験を踏まえて、美容業に特化した税務会計サービスのほか、マーケティングや経営に関するコンサルティングも行う。家族は、妻のほか、長女、長男。趣味は、釣りと自転車だが、最近は、トライアスロンにも挑戦。だが、何よりも「お客様の経営をより良くすること」に情熱を燃やしている。

伊澤　真由美（いざわ　まゆみ）

栃木県下野市出身。立命館大学法学部卒。税理士・美容室経営コーチ。ベネフィット税理士法人社員税理士。超氷河期のさなかの就職活動だったため、スキルを身につけようと税理士を目指し、現在に至る。年間150人以上の開業美容師さんと会い、開業や税務のサポートを行っている。税理士の中で最も多くの美容師さんに関わっており、信頼も厚い。また、美容室開業者に向けたセミナーも開催しており、受講者からも「わかりやすい」と大変人気を集めている。

独立美容師「売上」「人材」「お金」で安定成長！

ゼロから開業して
1億円を目指す美容室経営術

2016年　9月　16日　　第1版第1刷発行

著　者　田崎 裕史

伊澤 真由美

発行者　高橋 考

発行所　三和書籍

〒112-0013　東京都文京区音羽2-2-2
TEL 03-5395-4630　FAX 03-5395-4632
http://www.sanwa-co.com/
info@sanwa-co.com

印刷所／製本　中央精版印刷株式会社

ISBN978-4-86251-198-0　C0034